中年的意義

一個生物學家的觀點

MIDDLE AGE

A Natural History

大衛・班布里基（David Bainbridge）◎著

周沛郁◎譯

目次

第三部　年紀愈大，膽子愈大：四十歲之後的戀情、愛、性、嬰兒和人生——185

大部分的凡人……對於可恨的大自然怨聲載道，因為我們的壽命注定短暫，因為即使我們僅有的這一小段時間也迅速飛逝。幾乎所有人都一樣，才剛準備要活著，就發現人生來到了盡頭。

——古羅馬哲學家塞內卡（Seneca），《論生命之短暫》（*On the Shortness of Life*），西元一世紀

從生育期結束到開始明顯衰老之前，約莫有二十年活力旺盛的時間，這段歲月的確需要有個解釋。

——布洛頓．瓊斯（Blurton Jones）、霍克斯（Hawkes）與歐康納（O'Connell），《美國人類生物學期刊》（*American Journal of Human Biology*），二〇〇二年

前言　你沒看過的中年故事

不該這樣才對。我應該能抵抗趨勢。三十八歲時，我雖然極速衝向那個數字的里程碑，但我揶揄它，當面嘲笑應當讓我成為中年人的接下來那十年。甚至這個人生階段的名字（中年），感覺起來也很陌生，像是罵人的話，而不是我會經歷的真實現象。聽起來就像只會影響我們父母，而不會影響我們的東西。沒人告訴我中年何時開始、何時結束，或是可能發生什麼事，所以我猜這不過是場騙局，是個編出來逼人提早變老的故事。我三十八歲時覺得自己很年輕，到四十歲生日時還是自認為年輕——中年這種老套不會發生在我身上，對吧？但我現在四十二歲了，時光的確呼嘯飛逝，我對最近流行的音樂不屑一顧，我挺個啤酒肚，這裡痛那裡痛，還有輛跑車。究竟發生了什麼事？

我正在經歷中年；除了這個丟臉的事實之外，中年最大的問題在於這個名詞太難定義。常常就是沒辦法確定中年究竟是怎麼回事。這個人生時期是曖昧得煩人，還是明確得惱人？是心智的狀態，還是生來就預設好的生命階段？也許中年開始於我們覺得八十歲不再遠得恐怖，而是近得嚇人的時候。或是我們必須在矛盾之中做出選擇的時候——要不接受人生將無可避免地愈來愈糟，要不就準備不斷欺騙自己，事情會變得比以前更美好。最重要的是，我不曉得為什麼有那麼多人都害怕中年。

本書中，我想探討中年是什麼，有什麼意義。在過程中，我們會試著定義「中年」——光是這樣就不容易了。如果問醫師什麼是中年，他們大概會說起更年期。如果問社會學家，他們可能提到空巢期和容忍青少年。如果問經濟學家，他會解釋生涯高峰、婦女二度就業，還有為老年做的準備。如果問朋友，他可能告訴你，中年是他看著鏡子發現自己變得和父母一模一樣的那一刻。可是在這些事裡，有哪件真的能定義中年嗎？畢竟男人沒有更年期——至少和女人的更年期不同。而且現在有很多中年人要照顧年幼的子女、成年子女、新伴侶的子女，也可能完全沒有子女。此外，許多人的事業巔峰不是發生在中年，而許多母親早在中年之前就回到職場。簡而言之，人們的生活彼此間差異太大，這些常見的定義似乎都無法具體回答我們想解釋的現象。

那麼我要怎麼解決呢？我是生殖生物學家，也是擁有動物學學位的獸醫，我認為我理解中年的角度可以釐清上述所有的困惑。

我有很長一段時間，著迷於人類這種動物有多麼古怪至極。由動物學的角度來看，我們人生中做的很多事都太過不可思議。我們是地球上最怪的生物，怪異之處一言難盡。我曾經利用動物學與自然歷史的方式，研究人類懷孕的獨特行為、人類性別的遺傳學、人腦，甚至青少年。用同樣的方式來檢視「中年」這種最微妙、最複雜的人類創舉，也能發人省思。人類的中年是獨特的現象——和其他動物一輩子過到一半的階段很不一樣。我將在本書裡告訴你，人類的中年之所以獨樹一格，其實是促使我們演化的種種影響力造成的。中年和年老無關——中年是截然不同的事。

我希望能說服你放輕鬆，把中年看成一種獨特物種的獨有特性，這麼一來，你對中年人生的了解將會超乎預期（不論中年對你而言是過去、現在，還是未來）。我在本書一開始，暫時定義中年發生於四十到六十歲之間，我提到「中年」時，只要沒有講得更明確，指的就是人生中四、五十歲的期間。這個範圍當然完全是我任意訂定的，我發現我提出的這個範圍，年長者會覺得我設的年齡低到令人擔心，年輕人則覺得我設的年齡高得奇怪。然而，我任意設定的這個上下限，顯示了中年在人生中占了多大的部分，也顯示了我可以利用動物學來解釋各式各樣和人類中年有關的事。

夜深人靜時，中年人腦中浮現的問題，最能顯示中年的意義。我的身體是不是愈來沒用了？我是不是愈來愈常生病了？我變老的速度和其他人一樣嗎？我的性格到底為什麼要變得這麼複雜？我的境況有比小時候好嗎？我該存錢留給孩子當遺產，還是存錢養老？我太晚生兒育女了嗎？我比以前不快樂嗎？為什麼社會規範不再適用於我？我該不該買輛摩托車，跟模特兒私奔？孩子們離開了（或是快離開，或不肯離開），我該怎麼辦？我身邊平靜沉睡的這個人是誰，我們倆為什麼不像以前那麼恩愛了？

一想到要解決這串問題，似乎令人卻步，但我可以根據動物學和演化的角度，來回答這些問題。我不相信我們完全只是基因的產物，也不相信社會和環境不會影響我們的本質；我也不覺得我們無法控制自己人生的走向。不過，我的確認為中年是個可以解釋的明確現象，主要起因自人類數百萬年來的演化。中年不是二十世紀的文化發明，中年主要是古老而獨立的生物現象，其他的一切都根源於此。

那麼，我為什麼堅持中年是個獨立的現象呢？中年難道不是一個開端，讓人從此無法控制地逐漸衰落，直到老死嗎？這本書的目的之一，就是要告訴你，雖然定義中年時可能遇到種種問題，但中年和人類生命的任何部分都不同，是確切、獨立的時期。中年不只關乎變老，其原因正是我所謂的中年三特徵——「明確、突然、獨特」。首先，中年很明確，在本書中，我們會一再探討那些只發生在中年時期、而不存在於青年或老年的各種層面——中年就是不一樣。第二個特徵是，中年的改變通常很突然。中年發生的事，其發生的速度通常快得驚人——太快了，顯然不屬於漸近、累積、老化的退化。中年的第三個特徵是，中年是人類獨有的現象，總的來說，我們在其他物種身上不會看到類似的現象，中年因此顯得更特別了。

我會探討各式各樣的證據，這些證據解釋了我們為什麼演化出「中年」。我們將看到，在人類演化史中，大多時候的人生並沒有我們誤以為的那麼粗鄙、野蠻且短暫。地球上有人類的大部分歲月裡，許多人類活到四十歲以上，而天擇為何作用在這樣高歲數的人類身上，卻早已放棄其他動物，是有特別原因的。幾千年來，天擇把年過四十的人類塑造成獨特的生物。他們並不是逐漸凋零，而是進入一個特別的人生新階段。在這個階段裡，他們的社會、情緒、生理、性愛和心理世界都會再次變動，達到新的狀態。我們現在知道這狀態是演化傳承的產物，而你愈早體會，就能愈早開始理解你的中年。因此，這本書是寫給所有曾經、正在或將要經歷中年的人。

不過，我雖然聲稱這本書是寫給所有人讀的，但是目前針對中年的研究似乎常常偏向某一群人類。大部分已發表的證據，其所根據的研究，對象都是從前所謂的「正常人」——他們是異性戀，有長期伴侶和子女，恰巧住在已開發國家。當然，要能夠把我們的結論應用到這個群體之外，應用在許多不符合以上描述的人類族群，是很重要的。但中年的研究為什麼變得這麼扭曲，其實有些簡單實際的原因。進行科學研究時，如果能得到一個族群數量龐大且界定明確的樣本，會比較成功。打個比方，假如你想研究撫養子女的態度，或是更年期對性生活的影響，那麼研究一群同質性高的人當然比較簡單；他們很可能都有孩子，或者目前有性伴侶——而異性的長期伴侶正是那樣的取樣群組，尤其他們常常恰巧會用結婚來表明他們的狀態。

用這種理由，來把中年研究裡固有的偏差合理化，雖然務實，但我們對有後代的異性伴侶格外感興趣，還有一個演化學上的好理由。我們之後會看到，我們的基因決定了許多中年的狀況，而這些基因當然全都代代遺傳自有孩子的異性夫妻。這不表示同性戀、選擇不要生孩子的人，或選擇不進入婚姻關係的人不重要——他們很重要，我們在這本書中要時時刻刻記著他們。然而，我們也必須體認到，他們在中年時所經歷的改變，同樣反映了幾千年來有孩子的夫妻的基因傳承。

這本書分成三個部分。在第一部分中，將探討中年為什麼會發展成目前的模樣。我們將探討創造人類生命藍圖的過程，甚至回顧中年的化石證據。這樣將有助於解釋中年的許多生理變化，以及我們這個獨特又幸運的種族是怎麼緩和、延遲老化的過程。

本書的第二部分針對中年的心智，主要是因為人和獸的差異大部分來自於頭腦。人類花了很多時間純粹在思考，因此我們至少可以用三分之一的內容來關注人類的智能、性格、心理和情緒在中年會有什麼改變。我們甚至將暫停一下，想想為什麼我們進入中年以後，會感覺時間流逝得那麼快。

在第三部分的一開始，可能像要帶我們往前，進入性愛、戀情（或仍在維繫，或正在枯萎）、更年期、嬰兒、家人和那個危機。不過很快的，這部分也明顯是要帶我們回到過去，回到中年的生物演化大審判——這時期還有時間做改變，而人類在人生這段時光會刻意重新評估人生的意義。本書最後，我們會把所有線索兜在一起，試著發展出一個有條理的理論，來解釋中年是什麼，及個人該拿中年怎麼辦。

這本書根據的資訊取自於廣泛而多樣的來源（有時好不容易才能兼容並蓄）——主要是科學，不過有時會加入少許藝術和社會科學。我希望讀者能明白，科學是其中最理想的來源，因為科學家能誠實面對他們使用的方法有什麼缺點和限制。然而，我們也會看到，即使科學也不容易整合基因、人體、情緒和文化這些事情。解釋中年這件事需要用到那麼多不同的方法，或許沒那麼奇怪，畢竟生物學家、哲學家、醫師、歷史學家、數學家、小說家、社會學家，甚至工程師，都曾經設法解決這個主題。

在此同時，別忘了有個好消息。中年很重要，因為中年占了人生的一大部分，而親愛的讀者，你很幸運，你身處的時空是對中年人最理想的時空。這不是指現代已開發國家的人都不會英年早逝，而是如果有人在中年結束之前死去，我們會認為他受到極不公平的對待。你來到中年時，情況絕對在改變，不過你還沒有老。至少我一直這樣告訴自己。

這個中年的新故事有主要的脈絡貫穿其中：人類的中年不是負面的事，而是正向的經驗；是潮流而不是危機。甚至可以說，中年是解放——是演化、文化與性格的解放。我希望能說服你，遠古的人類擁有健康而有生產力的中年，這樣的中年是人類自古生來就具有的權力，後來才被辛勞工作、傳染病和污穢所剝奪。在人類歷史的這個時刻，我們應當收回這個權力。

第一部

從熱帶大草原到郊區：為什麼中年的重點完全不是變老

我認為我們的天父創造人類，是因為他對猴子失望了。

——馬克・吐溫（Mark Twain），《馬克吐溫自傳》，一九二四年

第一章　什麼造就了中年人？

想了解中年，就得先來看看一些最基礎的問題。生命中許許多多的面向匯集成我們稱之為中年的現象，它乍看之下或許像一個無法解決的龐大課題。四、五十歲之間，我們的身體、心智、性、情緒和社交面向都改變了，這些改變錯綜複雜又深奧。此外，不同個人、性別、文化的中年，都有極大的差異。我們要怎麼了解這樣不斷激動發酵的改變和差異呢？

我們總得有個開始，所以先問一個看似簡單的問題：哪些過程造就了中年人類？我們將在第一章看到，要回答這個問題，得了解三件事——基因、發育和演化。

*

首先是基因。

要構成任何動物，都需要三樣東西：能量、化學物質和資訊。其實，要組成像中年人這樣神奇的東西，需要非常多的能量、化學物質和資訊。不過，我們不用擔心能量和化學物質的事——我們和其他動物一樣，靠著吃和呼吸得到這兩種要素，所以讓中年人類與眾不同的，並不是能量和化學物質。我們的重點會放在資訊，因為資訊正是有趣的地方。只有人類擁有造就中年人的必要資訊。

造就中年人所需要的資訊中，儲存在基因裡的量多得超乎想像——雖非全部，不過大部分的資訊都在基因裡。你體內幾乎所有細胞的細胞核裡都有四十六條染色體，每條染色體都是非常長的鏈狀分子，也就是去氧核醣核酸，或叫DNA。DNA擁有某些特性，因此非常適合儲存構成動物的資訊。首先，DNA牛來安定、有恢復力，而且我們擁有修復DNA的機制，使得DNA可以維持得更久。第二，DNA擁有著名的「雙螺旋」結構，因此一個DNA分子可以解開，重新形成幾乎和原來一模一樣的兩個DNA分子——細胞分裂的時候，就會發生這樣的事。第三，DNA可以刻意切開，再結合在一起，這發生在兩個個體產生卵子和精子，準備製造寶寶的時候。

最後一個特性是，DNA可以用來製造東西。每個人類細胞裡大約有兩萬三千段

DNA可以製造東西，我們稱這些片段為「基因」。含有這些基因的DNA鏈長短不一；DNA鏈由四個不同的要素（A、C、G、T）組成，這些單元可以串在一起，就像一條線串上紅、綠、藍、黃的珠子一樣。打個比方，第一型膠原蛋白（type I collagen）是組成人體的主要材料，也能防止中年人的皮膚下垂得太厲害，常常出現在抗老化的面霜廣告裡；用來製造第一型膠原蛋白的基因，其組成單元依序是：*ATG TTC AGC TTT GTG GAC CTC CGG CTC CTG*……。

這個開頭聽起來似乎沒什麼用處，不過請聽我說。這個DNA的「基因」序列有用處，是因為每個細胞裡都有一套複雜的機制，知道這個序列是個密碼。特殊的分子持續解讀這個基因密碼，製造分子（通常是蛋白質分子），然後由這些分子完成細胞運作的一切需求。基因可以製造各式各樣的蛋白質——切斷或結合化學物質的蛋白質，讓物質進出細胞的蛋白質，或是膠原蛋白這類支撐結構的蛋白質。其實你體內發生的所有事情，幾乎全都是這兩萬三千個基因製造的分子進行各種活動的結果。

這一切的編碼和產物聽起來或許很神奇，不過要知道，大部分動物得到的資訊只有這些基因碼。如果你是從一顆蛋孵化掙脫出來，完全沒有雙親照顧，那你一輩子只能依據遺傳自父母基因裡的訊息過活。這些基因就是你獲得的所有指示，你靠這些指示構成你自己、生長、表現出某些行為和進行生育。少了基因，我們什麼也不是。

我們很快就會看到，人類除了基因裡的密碼，還能得到其他資訊，不過並不多。區區兩萬三千個編碼指示就能滿足一個中年人形成、運作、維護的大部分所需，實在不可思議。最初合計人類基因的時候，生物學家發現數目這麼少，其實很驚訝。許多汽車的零件數目都不只這個數字，而汽車能做的事遠比人類少。想一想，這些基因之中，大約有三十個是負責製造各種不同的膠原蛋白，超過一千個基因專司偵測氣味，所以剩下來可以協調製造寶寶這類複雜事情的基因，和協調中年危機的基因，其實少得驚人。

*

說了這麼多基因的事，現在來看看發育。

常常有人找我去跟大學裡的工程師和建築師談生物學。我用許多理由向他們證明我的論點：我那些有血有肉的「機器」，遠比他們那些鐵和玻璃組成的「機器」聰明。不過最讓人信服的，往往是我的生物機器需要自主發育、生長，並且在整個過程中像活生生的生物這樣運作。舉例來說，人類的發育過程中，沒有哪個階段是身體的組成部分零零落落地擱置在工作檯上，等著哪個好心的建造者把我們拼起來。人類和動物必須把自己組合起來，而且在組合的過程中需要能持續運作。

我們的兩萬三千個基因指示可以安排許多事，不過自我組合是其中最神奇、最迷人的事了。由於難度太高，因此我們懷疑這是兩萬三千個基因中許多基因的主要功能。所以，發育生物學在現代生物科學占了很大的部分，世界各地數以千計的科學家努力想要找出，一個單細胞受精卵自行演變為功能完全、巨大又複雜的成年動物，需要哪些程序。結果他們再度發現，要造出成熟人類的主要訊息（指示）都包含在基因簡單的A、C、G、T編碼中。發育中的動物經歷一連串的基因活動，個別的基因產物會啟動其他基因，繼而發動更多的基因。然後，這一系列的基因產物會促使細胞以非常複雜的組態進行增殖、遷移、合作、專化或死亡，進而產生手、耳朵、腎臟及心臟等等。

現代的發育生物學讓我們看到一些很神奇的事。例如，有些基因太常用在構成身體上，所以在演化過程中不斷出現。也因此，人類、小老鼠、魚、蒼蠅和蟲子身上，許多和發育有關的基因是共通的。我們似乎有一個相同的基因工具箱，裡面有分子扳手和蛋白質螺絲起子，幾乎可以用來做任何事。其中有許多基因太好用了，因此在創造一個身體的過程中重複使用很多次，例如，一個基因也許能用來製造像腦子、肝、骨頭和睪丸等形形色色的東西。同樣的基因能夠重複使用於不同目的，很可能就是我們只用了兩萬三千個基因就能了事的原因，不過這也顯示，這些多功能的基因必須非常小心地運用。否則，腦袋裡可能長出睪丸呢。

這一切與發育相關的發現，改變了我們對自己的認識。不過，關於基因怎麼控制人體的建造，我想提出兩個重點。這些重點和大多的發育生物學都無關，但對我們很重要，因為我們對中年充滿好奇，而中年很特別。

首先，大部分的發育生物學著重於我們出生前發生的事，但是我們千萬不可以受到這點的誤導。我們完全能理解重點為什麼會放在那裡，因為驅動發育生物學的是一股好奇心，希望知道這麼微不足道的受精卵是怎麼被塑造成嬰兒這麼奇妙的東西。然而，發育絕對不只關乎胚胎和胎兒——我們出生之後，還有不少需要發育的。這種出生後的發育雖然步調比較悠閒，卻和出生前的發育一樣關鍵，也一樣受到基因的驅使。比方說，生命中的前兩年，頭腦不斷以和出生之前同樣的速度成長。接著在停滯一陣子之後，生殖器突然在青春期早期開始迅速發育。生命的前二十年裡，四肢的骨骼持續一波波生長。然而，即使那時也還不是發育的終點。這本書的中心思想之一是，發育的程序並沒有在出生、青春期或骨骼成熟的時候停止。基因的「生命時鐘」會不停走下去，人們繼續改變，直到成年之後還不見停止。我們會看到有一連串明確而活躍的基因事件持續進行，時間很長，甚至會造成像更年期和中年發福這類的事。舉個驚人的例子，男性的體毛分布在人生的前六十年裡持續變動、發育。像這樣具體、獨特的變化，絕對找不到其他的解釋，也絕對不能視為無法控制的老化現象或衰退的過程。中年人類必須按著和人類胚胎差不多的方式繼續發育——否則，中年人看起來會像邋遢的二十歲青年。人到四十歲的時候或許已經長大了，但發育的過程還沒結束。

對於中年人的發育，我想強調的第二點是，人腦有個不尋常的特性。頭腦扮演了重要的角色，因為我們是非常聰明又非常社會化的物種。然而，頭腦卻有個古怪的特性——頭腦對身體其他部分的反應，和其他器官截然不同。就拿中年女性的社交行為與性行為當例子吧，中年女性的思想和行為顯然不同於比較年輕的女性，而這應該有部分起因於頭腦的基因和細胞變化。不過，還有另一個因素會影響這些女性的行為，那就是：她們的頭腦清楚意識到身體正在經歷的改變。頭腦和其他器官不同，它會反應它對身體的主觀感覺——它有自覺。一個人看起來年輕漂亮，或是又老又憔悴，都會強烈影響自我的形象、態度和思考過程。大家都太清楚自己在人類社會的地位有多重要，因此他們對自己的認知會不斷影響他們怎麼思考。當然了，你是不是真的年老憔悴，主要取決於年齡和基因，不過在這個情況下，年齡和基因並不會直接影響你的頭腦。年齡基因先改變了禁錮頭腦的身體，再間接影響頭腦。

*

想了解中年的起因，還得考慮到一件事：演化。

造就現今中年人類的基因，遺傳自我們的祖先——一代又一代的人類、原始人，甚至類人猿，努力在這個世界活下來，有時失敗，有時成功。十八世紀初，很多動物學家得到了結論：動物的物種會隨著時間改變，有時甚至分裂成幾個後繼的物種。有些物種的外表和其他物種太相似，因此很難想像這些物種分別出自神聖創造的不同作為。也有些動物似乎只是其他動物小小修改之後的版本。這些動物類型隨著時間而漸變、繁衍的過程有個名字——也就是「演化」，這個名字竊自十八世紀的語言學家，原先是用來解釋人類語言是怎麼隨著時間而改變的。

兩位英國的博物學家阿弗列德・羅素・華勒斯（Alfred Russel Wallace）和查爾斯・達爾文（Charles Darwin）最先提出一個可信的進化機制，我們現在稱他們巧妙的理論為「天擇」。幾世紀以來，人們注意到動物族群的差異——任何物種的動物都有各種體型大小、生長速度快慢不同的個體。正直的畜牧業者都知道，如果一隻動物經過選擇性育種，牠們的後代就非常可能得到父母的特徵。換言之，動物族群可以視為一團亂烘烘的變數，可以靠著某種實質（而非性靈的）方式代代相傳。當時沒人完全了解這些實質方式是什麼，不過我們現在知道了，那就是基因。

華勒斯和達爾文明白，動物的物種藉著可遺傳的性狀而逐漸改變；他們收集了大量證據來證明自己的理論。想要了解人類如何演化出中年，天擇的確切過程非常重要。按天擇來看，如果特定的性狀對動物有益、可幫助這動物成功產生許多子代，那麼產生這些性狀的基因就會存活下來，在未來繼續繁衍。世世代代之間，這個過程不斷發生，促進成功繁殖的基因會逐漸累積，無助於成功繁殖的基因則永遠消失。隨著一個物種周遭的環境改變，在該環境下有助於繁殖的性狀也會不同，因此造成了神奇的結果——動物在千年之間會緩慢變化。所以動物會適應不斷變化的環境，而這非常有助於解釋演化如何發生。

這本書完全根據一個前提——人類的中年是基因經過數百萬年的演化而形成的。因此，我想開門見山談談一些問題。

首先是證據的問題——我們有多少證據能證明真的有天擇演化？有一類證據其實很豐

富，那就是，現存的動物和我們從地下挖出來的動物，在比對之下，看起來的確很像長期演化的結果。不過，有人會說這種事後的證據不夠好，因此生物學家已經嘗試觀察正在發生中的演化。演化發生得非常緩慢，要觀察演化並不容易，但仍然可能達成。科學家觀察演化迅速的生物（例如微生物）在世代之間的改變，他們也觀察了處在強烈天擇壓力下的較大型動物，例如引進其他島嶼的蜥蜴。他們甚至可能在處於逆境中的人類族群身上觀察到演化，像是食人的新幾內亞部落，整個部落對致命的腦海棉化庫魯症（kuru，「笑著死」之意）迅速發展出了抗病基因。總而言之，天擇演化理論的證據很確實，而人類的演化不是例外。

第二個問題是演化科學中一個引發許多爭議的基本要素——也就是我們心理和行為的演化。我們思考的方式對我們的人生太重要了，因此有些科學家認為，我們的心理經過和生理特質一樣的過程，演進成現在的狀態。一個全新的科學領域於是誕生——那就是演化心理學。演化心理學雖然受到批評，但我要在此澄清，我並不是批評的一員；我認為演化心理學是個討論人類行為起源的合理方法——絕對不只是閒聊人類行為為什麼最後會變這樣的「假設」故事。畢竟，能讓我們思考如何取得成功的基因，在天擇作用之下，為何不會一併遺傳到我們身上呢？

最後，第三件與中年有關的基因演化的事，是天擇理論中的一個矛盾，且與生育的核心重要性有關。簡單來說，如果天擇能延續有助繁衍的基因，那麼不再生育的人怎麼辦呢？例如，達爾文主義認為只有兒童和成年的年輕人才會受到天擇嗎？生育期結束後的中年人完全與演化無關嗎？我們之後會看到，這是本書裡會面臨的重大問題。如果四十歲以上的人不會受到天擇，就表示他們其實完全不會演化。那可就尷尬了，因為這本書要講的根本就是中年人的演化。

以上簡短地介紹了創造中年人類、至今仍產生這種人的基本遺傳過程，希望這樣的介紹能讓你稍微了解中年人類為何那麼特別。不過，窺見我們的演化起源之後，現在有更大的問題要解答。在人類的歷史裡，中年（以及中年帶給我們的那整套反覆無常的驚奇）是什麼時候出現的？人類的中年如果發生在大多數人的生育期後，中年人為什麼還會演化？如果造就中年人的資訊除了主要來自基因，還有其他的來源，那麼其他的資訊從哪裡來？我們這個探索中年的新故事，現在才剛開始。

第二章　什麼打擊了中年人？

如果把所有人的中年，完全想成經過亙古細心協調的發育程序，那一定令人感到安慰。不過，我們都知道中年不只這樣——中年比較糟糕一點。即使像我這樣一向樂觀的人也不得不承認，中年並不全然是正面的經驗。中年有些不利的地方，也就是老化。

人生不只有成長和變得更好。到了某個階段，我們開始變老，事情也開始走下坡，而大部分的人覺得這是從中年開始的。人類的身體在什麼候開始老化，生物學家各持己見（可能的答案包括：中年、青年、青春期、一出生，甚至從受精開始），不過在中年時，這個過程的組成要素，顯然以更驚人的不同面貌，清楚地展現出來。我雖然不相信中年是徹底的退化，但顯然有些無法忽略的跡象顯示我們不像以前那麼年輕了——頭髮變灰，皮膚失去彈性，你不再希望人家把音樂開大聲一點，而是希望他們轉小聲。其實，中年之所以迷人，一部分就是因為：從出生起就控制我們發育的「生命時鐘」，現在和另一個退化與老化的過程重疊，發生衝突。我們該不該把另外這個過程稱為「死亡時鐘」，還有爭議，不過中年的確是「形成」和「退化」這兩個過程同時明顯存在，一個令人不安的時期。

要了解中年，就必須了解老化——為什麼我們會老化、如何老化，以及為什麼最後會死亡。當然，已開發國家中死於中年的人不多（死於四十到六十歲之間的人，大概只占八％到十％），所以我們在這裡感興趣的並不是死亡，而是老化的過程；在人生的這個階段，老化變得極度明顯。老化在四十到六十歲真的開始了，中年人會花許多時間談身體退化，恰恰證明了這個情況（之後我們會談到為什麼女人特別擔憂）。中年人也遠比年輕人會思考死亡，雖然他們在短期內死去的機率並沒有高出很多（其實通常比較低）。但即使這個中年發育程序，讓四十歲以上的人迎向更宏大美好的未來，平常也很少聽到他們揚揚灑灑地談論中年發育有什麼好處。想要體認到這個生命階段裡所經歷的改變有什麼價值，就得先來看看我們為什麼會老化。

所以，我們在四十歲之前通常不覺得自己在老化，但四十歲之後顯然會這麼覺得。那麼，我們為什麼會老化呢？

最早對老化的理解其實非常實際。幾世紀以來，一般認為人和動物跟舊機器一樣，就這麼「耗竭」了。原本以為老年人除了被生活的壓力消磨了生命外，本身沒什麼「問題」。這個理論聽起來很現代，因為它認為動物和人類跟人造的機器很像，自我修復的能力有限，而當代的老年學有一大部分就是基於這個假設。比方說，最近有人提出，動物的主要壓力之一，就是自身的代謝化學過程，最後毀了我們的，其實是代謝產生的廢物和熱能。按這個理論，代謝速率高的動物應該壽命比較短——就像六〇年代流行明星對應的生物能學概念，「活得痛快，死得早」。

不過，人和動物就這麼耗盡的簡單觀點有些問題。舉例來說，按這個理論，如果抓隻野生動物，養在非常人工的舒適環境裡，那麼牠應該可以幾乎永生不死。實際上，這樣溺愛野生動物的確會讓牠們比較長命，但不會那麼長命。例如，被關起來的黑猩猩，壽命是野外黑猩猩的兩倍長，但如果「消耗殆盡」是造成死亡極重要的原因，那麼兩倍的壽命並不是那麼驚人的改變。被舒適關著的動物通常比較長命，其實只是因為牠們沒遭到掠食者殺害，而不是因為牠們不會老化。

就連這個理論比較現代的版本也經不起檢驗。例如，雖然有人認為代謝速率高可能減少動物的平均餘命，不過對許多不同哺乳動物的研究顯示，壽命和新陳代謝只有微弱的相關性。同樣地，減少攝食量而降低代謝速率，雖然有時能增加平均餘命，但這因素對不同物種所造成的影響並不一致。

科學家開始懷疑老化不只是身體耗損這麼簡單，並因此思索動物界有沒有其他動物可以提供老化與死亡的新觀點。他們果然找到了——有些動物不老不死。聽到居然有這樣的生物存在，你也許很意外，不過進行二元分裂（也就是一分為二）的生物體，其實都算不老不死。一隻活了很久的阿米巴原蟲和年輕的阿米巴原蟲，沒有什麼差異——為了分裂成兩個功能完全正常的子代，阿米巴原蟲必須讓自己的內部構造保持在最佳狀態。實際情況雖然比我說的複雜一點，不過阿米巴原蟲基本上並不會衰退。牠們不會隨著時間而耗損，也不會因歲月而逝。牠們永遠都很完美。

不過，牠們的永生不死，似乎有個代價。首先，我們懷疑體內運作要永遠維持在完美狀態，其實是非常耗能的。如果一隻阿米巴原蟲的ＤＮＡ受損，或是製造蛋白質的機制出現瑕疵，就必須在更多損害出現之前迅速修復故障。如果你身體的某個細胞發生類似的問題，你的身體可能只會漫不經心地處理。如果人類細胞出了問題，那問題不會是太大的問題；但如果你是隻阿米巴原蟲，你就只有一個細胞，因此必須盡力補救。所以說，永生不死是極度消耗資源的。而且不死的動物通常是無性繁殖，而無性繁殖有很大的遺傳缺點。

所以，性和死亡的關係密不可分——人類可以容許身體衰退，是因為我們可以製造全新的身體，且新身體會長大，在我們死亡時取代我們。只不過在這本正面看待中年的書裡，這種事聽起來的確不大令人欣慰。

自從十九世紀有了天擇的演化理論之後，科學家發展出有關老化和死亡的新觀念，開始用比較正面的觀點來看待這兩者。他們甚至開始納悶，動物發展出死亡是不是有道理——也許死亡其實會促進動物的基因傳播。有人認為，老化這種事會演化出來，是因為活非常久會浪費資源，而這些資源其實可以讓下一代利用。這聽起來有道理，不過，把老化視為有益、正向過程的這個概念，有些問題。首先，大部分的野生動物不太有機會「壽終正寢」，反而是因為疾病、意外或遭到獵食而死亡，因此，演化出老化這種現象，對物種可能沒什麼好處。第二，許多演化生物學家擔心，天擇的機制其實不是這樣。一般認為，天擇是作用在個體身上（藉著生物是否成功繁衍後代而運作），但是這些「利他死亡」的理論卻暗示，老化和死亡對下一代的整體有益，這實在說不通。（如果個體有辦法靠著死亡，讓遺傳到其基因的子代受益，那麼這個理論才比較說得通。）

其實，這些問題顯示了演化、老化與死亡的關鍵矛盾。如果演化只和傳播對個體有利的基因有關，而老化和死亡會讓個體毀滅，那老化和死亡這樣的事怎麼會演化出來呢？說簡單點，演化通常讓動物「變好」，老化卻讓動物變糟——這樣似乎說不通。

所以，研究老化的科學家分裂成了兩派。一派認為，老化是一種主動的演化過程，在動物身上打造出這個特徵，讓牠們衰退、死亡，並藉此對牠們的子代帶來某種好處。另一派則認為，老化本身不是演化的重點，而是被動出現，是其他過程的副作用，舉例來說，對動物而言，專注於生殖比保養自己的身體，來得更有道理。依據這個理論，老化並不是設定好的——沒有「死亡時鐘」這種事——只是有其他事比修復身體更重要，於是身體逐漸衰退。

這種主動與被動的二元觀，幾乎涵蓋了當代對老化的研究，對於面對自身老化過程種種跡象的人而言，這很重要（他們真的得面對鏡子裡自己的皺紋和大肚子）。從自私的觀點來看，如果我們想改善中年一些不愉快的面向，就得了解什麼是老化。比方說，如果老化是主動、特定、設定好的生物機制，那麼我們應當可以針對那個機制來延緩老化。反之，如果老化是全身性衰退的累積過程，那麼我們只能在每個小衰退發生時個別處理。

二十世紀中葉，老化的被動理論開始占上風。其最初的態度也是把人體視為機器——這個複雜的機器有許多零件，每個零件都有可能故障。隨著時間過去，停止運作的零件愈來愈多。我們還年輕時，身體故障的地方很少，我們甚至毫無所覺，但損害會漸漸變得明顯。隨著歲月流逝，愈來愈多身體的零件停止運作，這許許多多的小故障逐漸累積，成為老化的症狀，最後無可避免地導致死亡——這就是「多次打擊」理論（multi-hit theory）。

除此之外，老化的新理論還解釋了為什麼動物沒有更努力地減緩老化的影響。因為即使是長壽的種族，年輕的成年個體傳給下一代的基因，還是多過年老的成年個體。老年人或許老當益壯，但他們具有生育力的剩餘歲月仍舊少於年輕人。而生殖對天擇極其重要，因此天擇主要作用在年輕人身上——年輕人會生更多孩子，所以演化的是年輕人。老人雖然還是天擇的對象，但程度比較輕微——所以生命中這個比較後面的階段仍然會演化，不過演化的壓力比較小。這又是中年人有趣的另一個原因——他們不像年輕人一樣是演化的關鍵，卻又不像老年人一樣和演化毫無關聯。他們處在兩者之間一個迷人的灰色地帶。

比較年長的成年人在演化上的重要性降低，使得人類容易累積對老年人不利的基因。這並不是惡意的過程——我們並不是刻意產生某些基因，讓年長者的日子不好過。而是某些基因會損壞或改變，在生命後期造成衰退，而這些基因並沒有從族群中去除。在人類演化的歷程中，個體即使擁有這些基因仍能順利繁衍，是因為這些基因會等到個體的年紀很大之後，才對這些個體有害。就這樣，人類從來不曾除去那些讓人隨著歲月而退化的基因

——所以我們都得面對幾十年的皺紋、疼痛和痛苦。

老化的被動理論還有另一個可能的結果，且聽起來的確不懷好意。這種老化的機制有個可怕的名字，叫作「拮抗多效性」（antagonistic pleiotropy），它的確會讓年長者落入非常艱難的處境。按這個理論，年輕時促進生育的基因會永遠存在，即使這些基因在年老時會造成不良的影響。換句話說，生育太重要了，因此它可能在生育力消失後的歲月中，發生難以計數的各種損害。負責生育的主要是年輕個體，而老化其實可以視為這種不可否認的現實和存活需求之間衝突的結果。比方說，性荷爾蒙在年輕人身上能促進生殖，在老人身上卻會促使腫瘤增生。以狗為例，研究發現結紮能減少腫瘤發生，甚至減少之後腦部DNA毀損的量。這種害處在疣鼻天鵝（mute swan）身上也很明顯，比較年輕就開始繁殖的疣鼻天鵝，會比較早停止生小天鵝——牠們早年的生殖力是用老年的衰退換來的。不過，雖然在動物身上已經有種種證據，對人類進行的相關研究卻得到模稜兩可的結果——例如，針對歐洲某些貴族家族的壽命與生育力（因為是貴族，所以留有完整的紀錄）進行的研究，卻無法證實年輕時的生育力和長壽不能並存。

這些老化的被動概念還有個附屬的「可拋棄體細胞」理論（disposable soma theory），不幸的是，這個理論似乎讓中年的人生更悲慘了。按這個理論，天擇不但因為年輕個體太重要而無法保全較老的個體，還刻意忽視中年身體的維護工作。大家都知道，我們對下一代的貢獻只有精子和卵子，不過很少有人願意承認這件事的演化學意義——我們身體其他部分的功能，就是為了讓那些精子和卵子相遇、產生嬰兒，因此我們的身體（體細胞）其實是可以拋棄的。天擇能促使身體自我維護、修復，但只到可以促進生育的地步，而且在人的生命中，維護身體健康這件事的優先順序，往後退的時間早得驚人（約莫二十歲）。更糟的是，早在你真正變得可有可無之前，天擇就已經容許你的身體退化了——畢竟車子不保養也可以開上幾年才會壞掉。所以中年的時候，你問題不斷的身體已經預料到，你年老時只能對下一代做出可有可無的貢獻了。

雖然這些老化的被動理論十分盛行，主動理論在最近卻開始捲土重來。這些理論認為，我們演化出獨特的老化計畫——也就是「死亡時鐘」——是個有利的過程。簡而言之，其支持者主張，這些理論或許不符合目前的演化理論，但比起老化的被動理論，主動理論更符合我們在大自然中觀察到的現象。舉例來說，如果動物沒有內建的主動老化機制，那麼為什麼大部分的動物物種都有獨特的壽命長度？倉鼠通常在二十四個月大時開始顯得衰老，會看交通號誌的家貓通常能活到十八歲，健康的大象常常在六十到七十歲之間倒下。在有益的環境中，多數人可以活到六十到九十歲，這個範圍似乎窄得可疑——相較之下，人造機器的使用年限長短變異大得多了。想來驚人，現在數以千計的人類可以活到一百歲，但能活到一百二十五歲以上的人卻半個也沒有。我們的近親黑猩猩幾乎活不到六十到九十歲這個年齡層，表示牠們「死亡時鐘」的鬧鈴設在不同的時間。其實，其他分類相近的動物物種之間，這種現象甚至更加驚人。一定有某種主動的機制能說明，為什麼蝙蝠的壽命通常可以比類似體型的齧齒類多出五倍；或是，為什麼一種軟體動物的壽命會比另一種軟體動物多出四百倍吧？更何況這兩種軟體動物是近親，體型也相近。

「死亡時鐘」在一些動物身上的表現尤其顯著，提供了死亡時鐘存在的進一步證據。有些例子幾乎顯得殘酷，例如鮭魚和章魚，牠們一生只繁殖一次，之後就迅速老化死去，就像有個「死亡開關」打開了似的。相反地，少數動物的「死亡時鐘」差異很大，因此那些物種中個體的壽命可能有二十倍之差——這些例外或許恰恰證明了規則的存在。有些動物則完全沒有死亡時鐘，例如，有證據證明母錦龜根本不會老化，牠們的生育力和存活的機率，似乎隨著年紀而增長。

這些動物的死亡時鐘與眾不同，甚至不存在，顯示了老化不只是被動、無法控制的退化過程。我不確定以中年人類的角度看，這種說法能不能讓人安心，不過這樣的確有助於討論老化的過程。首先，這告訴我們，人類預先設定至少可以活到六十歲，下一章我們會思考，這情況在人類歷史上是不是真的經常發生。第二，這讓我們思考為什麼在「死亡時鐘」的限制下，中年對不同人而言是那麼不同的經驗。還有，我們有沒有辦法確保，自己是外表老化得慢一點的幸運兒。

為了探索人體老化時真正發生了什麼事，人們近來發展出一個老化相關的研究領域。這領域主要著眼於老年人與延長壽命，不過老化的跡象開始變得明顯的時間點，其實是中年。

DNA基因對於協調我們的身體功能非常重要，因此許多科學家著眼於DNA受損在老化過程中扮演的角色。畢竟，如果化學物質、輻射或宇宙射線損害了一個細胞裡夠多的DNA，那個細胞就會無法運作。不論是人或其他動物，DNA受損的程度似乎會隨著年齡而增加，而DNA修復機制比較有效的物種，就能活得愈久。人類的壽命現在比絕大部分的哺乳類都要長（某些鯨魚是例外），或許是因為我們變得特別擅長此道了。

也有證據顯示，我們DNA染色體的結構本身，對於決定壽命長短很重要。每個染色體的尾端接著一段重複的A、T、C、G序列，稱為「端粒」（telomere）。嬰兒的端粒很長，但隨著我們長大，細胞分裂，端粒會一截截脫落，變得愈來愈短。一旦細胞的端粒縮短到一定長度以下，那個細胞就無法分裂了。就這樣，端粒縮短的現象限制了細胞能分裂的次數。實驗顯示，在人工環境生長的人類細胞，細胞內的端粒會逐漸縮短，直到最後再也無法分裂為止，但如果用人工方式防止端粒縮短，就能大幅延長細胞繼續分裂的時間。如果所有染色體都有其端粒的「死亡時鐘」，這或許是人類預定會老化的一個原因。不過，端粒縮短的理論有些問題——在成人身上，並不是所有的細胞都會分裂。所以，端粒縮短雖然可以解釋骨髓、腸子和睪丸的衰退（這些器官在成年後仍會持續進行細胞分裂），但腦部、肌肉和骨頭的細胞分裂，在成年後就幾乎停止，這些器官組織的退化就無法解釋了。

其實，端粒縮短的目的，或許不是提供難以捉摸的「死亡時鐘」，有些證據顯示，演化出端粒縮短，或許是為了防止我們得到癌症，藉以延長生命。端粒縮短可以抑制癌細胞失控增殖——腫瘤一旦長到某個大小，短小的端粒就能扼止腫瘤成長。現代的造影技術顯示，許多人常常長了腫瘤，但腫瘤大到可見的大小之後，又「神祕」地縮小。如果人類真的是為了這種限制腫瘤的機制，才演化出端粒縮小，那麼我們就可以說，老化是人們防癌系統所產生的矛盾副作用了。

另一個解釋老化成因的理論和「活性氧化物」（reactive oxygen species）有關。細胞裡的許多代謝過程會產生氧化物，這些氧化物的化學鍵結不完全，會對細胞裡的其他分子產生極大的破壞，並損害蛋白質、細胞膜，甚至破壞DNA。我們的細胞雖然有抗氧化物，可以緩和活性氧化物的危害（所以才需要補充維生素E），但有些活性氧化物仍然逃過我們的防禦，損害細胞內的機制。這種持續的化學損害會對無法分裂及自我修復的細胞（腦細胞、骨細胞和肌肉細胞）造成很大的問題，因此有人認為，這就是老化過程中人類組織逐漸衰退的真相。有證據可支持這個理論——科學家已經知道，我們身上某些分子受到的損害，會隨著老化而增加。不過，這個理論不大可能徹底解釋老化，比方說，沒人能解釋為什麼多吃抗氧化物，似乎不會讓我們的壽命大幅增加。

近年來，科學家愈來愈熱衷尋找老化的遺傳根據，急於分辨出可以加速或減緩老化的個別基因。壽命會遺傳，這是很常見的現象。長壽的人通常其父母也很長壽，有些物種也可能因為人工飼養而活得更長。創造長壽蒼蠅和小鼠品種的實驗很有趣，實驗發現這些品種繁殖的速度比較慢（聽起來跟拮抗多效性的概念相同），而且會產生比較多的抗氧化物質（表示活性氧化物終究對老化有影響）。

有一類的疾病會造成早老，我們對這類疾病的了解，也有助於尋找與老化有關的個別基因。在這些「早衰症」（progeria）的狀況中，老化衰退的過程加速了，而且常常在幼年就開始，許多患者十幾歲就「年老」過世。研究顯示，許多這類疾病的原因是，與DNA修復有關的個別基因受損。科學家仔細研究老化細胞的運作情況，發現涉及老化的基因通常只分成幾類，它們與細胞的一般維護和運作有關——包括胰島素和相關分子、去乙醯酶（deacetylases）、細胞核轉錄因子「NF-kB」、線粒體電子傳遞鏈（mitochondrial electron transport chain）和熱休克蛋白（heat shock proteins）等五花八門。特別的是，現在有明確的證據顯示，同樣那幾類基因，在人類、小鼠、蒼蠅、蛔蟲和酵母等等各式各樣的生物身上，可能都與老化有關。

如你所見，我們還無法完全了解老化的遺傳學，至少我們所知的一切尚不足以延遲老化。我們還沒有可以延長壽命的療法，主要是因為控制平均餘命長短的，似乎不是單一主要的基因；你的壽命或許是由多個基因累加的效應決定的。哺乳動物是非常複雜的生物，即使只更動哺乳動物身上次要的一個基因，就可能造成許多意料之外的負面影響，所以對於操作人類老化的關鍵基因，必須極為小心。

所以說，中年是個衝突的時刻，你發育的「生命時鐘」開始敵不過歲月帶來的衰退。

然而，前面說過，該把這個過程稱為預先設訂的「死亡時鐘」，或只是被動地陷入衰老，還有待討論。我們目前還不確定演化為什麼讓我們會死亡、會老化，也不知道演化是怎麼辦到的，不過更深入探索我們的基因，很可能就能得到一些解答。

至少我們能確定，生命始於發育，終於老化，而這兩個過程的衝突在中年時期最為顯著。我們或許會想暫時把中年定義為「創造與破壞的力量勢均力敵的時候」。我們正在逐漸接近「中年是什麼」的理論，但首先，我們必須瞥一眼人類久遠的過去。如果想了解泛灰的頭髮和魚尾紋，就需要知道在人類還野蠻的時候，中年人是什麼樣子。

第三章　人類本來只能活到四十歲嗎？

戰亂的時代，人人都是敵人；如果人完全只能憑藉自己的力量和創造力，沒有其他的保障，那麼造成的結果和戰亂時一樣……人類的生命將變得孤獨、貧乏、粗鄙、野蠻而短暫。

——英國政治哲學家湯瑪斯・哈布斯（Thomas Hobbes），《利維坦，或教會國家和市民國家的實質、形式和權力》（*Leviathan: or The Matter, Forme and Power of a Common Wealth Ecclesiasticall and Civil*），一六五一年

有關中年的人類學歷史研究非常迷人，能讓我們知道中年人住在哪裡、跟誰住、吃什麼、生什麼病、是怎麼死的。如果想要了解現代的中年，那麼演化過程中的中年是什麼樣子、活到中年的古代人到底有多少，就非常有趣了。不過，我們要考慮中年的遠古歷史，

還有另一個重要的原因；這原因正是這本書的核心。

我將一再證明，中年是人類生命中嶄新而特別的一段過程，演化出中年是因為中年對個人有益。不過，中年要演化得「有理」，先決條件是演化歷史上有許多人類存活到中年。說白一點，如果史前人類都在三十五歲就死了，那麼中年形成的過程就不會受到天擇，不會演化出任何有益的特性。這麼一來，我們在現代人身上看到的中年過程，就只是壽命突然前所未有地增加，人類活得比「原先注定」的長，因而產生的古怪、反常現象。

那麼以前的人可以活多久？

有關前一世紀的人類壽命，已經有完整的記載。在短短的一世紀裡，已開發國家人民出生時的平均餘命大幅增加，如今至少八〇%的嬰兒將會活到六十歲。從前大部分的死因（痢疾、肺炎、敗血症、傷口感染、難產）多半不再發生，現在我們會在更老的時候死於不同的疾病。營養、生活環境和醫療照護的改善，造成迅速而劇烈的改變，在人類歷史上顯然不大可能發生過類似的事。

回溯過去幾個世紀，會發現人類平均餘命逐漸縮短，中世紀時期甚至掉到三十歲以下。在那之前的幾千年裡，大概和這個數字差不多。然而，我們要知道，即使在人類短命的黑暗時代裡，對成年人而言，事情或許沒有表面上看起來那麼糟。平均餘命是個問題重重的壽命計算方式，因為嬰兒死亡率會使平均壽命嚴重地偏差；直到約莫一百年前，嬰兒死亡率才降低。如果有大量的兒童在五歲前就死亡，那麼使用所有平安出生者的平均壽命來計算人能活多久，就會造成嚴重的偏差。如果許多兒童在成年之前就死亡，那麼活下來的成年人即使只想把平均壽命提高到區區三十歲，也必須多活幾十年。「平均餘命」低落的扭曲狀況，或許能解釋為什麼歷史記載許多人能輕易活到中年，之後還能活很久——而且不只是有錢有勢的人如此。因此，我們要看的不是族群的平均，而是著眼於有多少人活到成年之後，活超過四十歲，進入中年。

然而，回顧過去一萬年，事情其實沒有改變多少。當時世界上的人有些住在鄉間，種植種類有限的農作物，勉強糊口；住在城市裡的人在未經規畫、污水隨意排放的污穢聚落裡打滾。因此，西元前八千年到西元五百年之間，大部分人類族群的壽命不大可能比中世紀時代長太多。我的理論是，中年會演化，是因為天擇作用在大量的古代中年人類身上；但是說實話，這些資料開始對我的理論不利了。我們已經回顧了一萬年，能證實有大量中年人的證據仍然少得可憐。

不過，如果我們回溯到超過一萬年，情況或許就不同了。大約在那個時候，人類的生活方式經歷了前所未有的巨大轉變。農業的形成是個了不起的現象，不只永遠改變了我們吃的食物，也迫使人類在一個地方落腳，待在靠近田地和牲畜，以及可以儲存食物的地方。農業的生活方式更加重視財產（擁有的土地、耕作器具和農產品），隨之而來的是保衛財產留給後代，不讓別人取得。農業對人類的存在可謂極為重要。有些人類學者認為，所有的人類族群在短短一千年之間，從狩獵採集的生活方式轉變成耕作和聚落，而城市、書寫和政府似乎隨著出現。更神奇的是，有人類學的證據能證明，生活方式轉換為農耕和聚落的情況，差不多同時期發生於世界上七到十個不同的地點，這或許是氣候變遷的結果。

所以，農業突然出現，改變了一切。因此，人屬（*Homo*）在過去一萬年的演化，和過去兩百萬年的演化截然不同。換句話說，九九．五%的人類歷史（從祖先的體型大約和我們一樣大、一樣聰明時開始）發生在農業出現之前。如果我們想了解中年的演化，當然需要回顧這個有農業之前的史前時代——也就是人部分這種演化發生的時候。

我們常覺得史前人類的人生艱苦不堪——「粗鄙、野蠻，而且短暫」。我們也許會想像大部分以狩獵採集維生的史前人類，辛苦、挨餓，疾病纏身，咬著一口磨損的斷牙勉強存活。如果真是這樣，而且沒什麼人活到中年，那我主張中年有利且是主動演化的論點就不成立了。那麼狩獵採集維生的史前人類究竟壽命有多長呢？

「史前」這個詞，讓我們遇到這個故事裡最棘手的阻礙。我這個生物學家為了研究中年的故事，稍稍涉獵了歷史和考古學，終於了解「史前」這個詞的完整意義。歷史是人類寫下經驗的結果，我們擁有書寫的紀錄之後，就能看到古人告訴我們，他們如何生活、能活多久。在農業發展出來之前，並沒有歷史或寫下的紀錄，因此很難研究人類如何生活及活多久。

少了這些記錄下來的歷史，科學家只好試著間接測量史前祖先的年齡。舉例來說，他們研究現代的人猿，試圖確認有沒有什麼數值和物種的壽命有相關。換言之，他們要判斷腦部、體型或牙齒較大的人猿物種，是不是活得比其他人猿物種長。結果發現，人猿的體型和壽命有很大的正相關性，因此他們就靠這樣的推測編撰出過去五百萬年來，我們短命的南猿（*Australopithecus*）祖先如何漸漸演化成體型較大、壽命較長的人屬。當然了，這方式可不可行，取決於你相不相信現代靈長類的體重和壽命的顯著相關性，意味著體型大的原人必定活得比較久。這是間接判斷我們祖先壽命的方法，不過這個方法有另一個問題；愈靠近現代，這方法就愈沒有效。以宏觀的角度看，人類演化的最後二十五萬年，和黑猩猩、大猩猩的差距太大了，牠們恐怕不是理想的對照基準。

另一個方法是研究現存的少數幾個狩獵採集社會。然而，假定可以藉著現代的狩獵採集者，得知一萬年前所有人類的生活方式，是個很大的假設（人類學家有時會做這樣的假設）。畢竟，如果他們足以代表人類，為什麼他們沒像其他人一樣開始農耕？不過，有個論點反駁這種批評，認為農業是在比較近期才傳到現代的狩獵採集者居住的地區，南非大約在兩千年前，亞馬遜河流域、北極和幾內亞則完全不曾接觸過。所以，他們或許的確有代表性，只是碰巧住在一個非典型的地點而已。

即使不考慮這些問題，現代的狩獵採集社會人民是否活到中年，狀況也不一致。簡單來說，有些部落的成年人通常會活超過四十歲，而且壽命遠遠超過，而其他部落的人則不是這樣。全世界狩獵採集者的壽命和死因差異非常大。此外，許多人似乎不是死於疾病、飢餓或掠食者（這些是最多人研究的動物死因），而是死於其他人的暴力。對應現代狩獵採集者身上這樣的變異性，許多人類學家早已不再認為，所有農業社會前的人類曾經處於一個均質的「自然狀態」。恰恰相反──許多學者指出，人類成功的原因之一，是人類擁有非凡的韌性，能調整生理和生活方式，利用各式各樣的新環境。以這種觀點來看，如果所有人類社群活到中年的情況都一樣，那才奇怪。

至於生於農業社會前的人類能活多久，最可靠的線索來自那時期遺留的人類化石。

不過，要用我們在塵土裡撿到的一點化石碎片來估計遠古死者的年齡，實在困難極了。其實，就算是要估計死去不久的成年人年齡，也沒那麼簡單。骨骼的改變可以提供一些線索，例如骨盆左右兩塊接縫的結構變化，或是骨骼顯微構造的變化。以骨盆來判斷的方式，誤差小於四年，但不能用在四十歲以上的人，這對研究中年的人而言實在是個打擊。骨骼構造法則可以用於更年長一些的人身上，但誤差可能多達十二年。

值得注意的是，法醫學發現，要判斷死去兒童的年齡相對簡單，可以把掉牙、長新牙的固定模式，當作兒童發育的精確時間基準。令人挫折的是，成人不會準確地掉牙或長新牙。不過，人類學家設法利用牙齒在一生中持續磨損的程度，來推估古代人的壽命。首先，他們研究史前族群中還在長牙的年輕成員的牙齒。由這些資料，就能估計在前後兩顆牙冒出來的時間間隔中，牙齒磨損的速度（這個時間間隔的變動性不大）。若假設成人的牙齒也按照這個速度磨損，那麼就能用成人牙齒化石的磨損程度，推估那顆牙長出來到那人死亡之間有多少年，接著就不難算出那人大約的死亡年齡了。

這些估算人類年齡的直接方式，顯示許多古代狩獵採集者的人生，和粗鄙、野蠻及短暫相去甚遠。老年人的數量在「舊石器時代晚期」（五萬年前開始）其實多得驚人。我們也可以比較世界各地不同的人類壽命模式，依照居住地點的不同，智人（*Homo sapiens*）

和尼安德塔人（*Homo neanderthalensis*）活到中年的機率不盡相同，有些還很高。

然而，直接估算人類化石的死亡時間，最驚人的結果是發現了老年人的數量，居然在實行農業之後逐漸減少。這似乎不符合直覺，尤其是我們通常認為農業在人類發展的過程中是一大躍進。所以這是怎麼回事呢？

我們現有的證據似乎顯示，問題出在飲食的改變。農業無可避免地使人類的食物種類不再那麼豐富。他們通常吃得到自己種得出來的那一、兩種作物，因此限制了所攝取的維生素、礦物質和不同種類的蛋白質。當然了，這也表示少數幾種主要作物一旦種不好，就會造成慘劇。現代社會的證據顯示，農業會減少付出同樣努力所得到的食物量，這結果更支持了這個論點。據報導，南非孔族（!Kung）的狩獵採集者，不像附近幾個農業社群那麼辛苦，但食物比較充裕；據估計，從事狩獵採集的哈札族人（Hadza）一天只需要花五個小時張羅食物，附近的農人則需要辛勤工作一整天。附近的農業社群為了撐過南非經常遭遇的飢荒，常常來和這些部落住在一起，原因不言自明。

後農業時代食物減少的化石證據也愈來愈多。實行農耕之後，兒童的四肢變得比較柔軟，沒那麼強健，成人不再長那麼高，牙齒也變得比較小。這些改變發生得太快，只能用營養不良來解釋。其他和飲食有關、較明確的改變也很明顯。牙齒外的覆蓋層異常增生

（琺瑯質形成不全）的情況增加，同時也更常出現缺鐵性貧血（骨質疏鬆）造成的多孔顱骨。骨質量也受到飲食的影響，而這時期的骨質量也降低了。

農業社會平均餘命減短的另一個因素是傳染病。當人類生活於分散、流動的狩獵採集部落裡時，歷史中可能侵擾人類的某些古代疾病當然也會侵襲他們，例如肺結核和腸道寄生蟲。不過，農業和聚落帶給人們五花八門的新疾病。首先，大部分早期的人類永久聚落恐怕骯髒又擁擠，缺乏污水處理系統，加上為了灌溉而減緩水道流速，只會讓疾病的蔓延情況加劇。現代世界最重大的疾病，起因都是人口密度過高與衛生問題，而這些狀況不大可能影響從前在開闊草原上遊牧的狩獵採集部落；他們只要離開自己的排泄物就好了。

疾病更常發生的另一個因素，是人類和動物間的距離拉近了。在人類開始飼養牲畜之前，大概只有短暫的狩獵過程中才會接觸到動物，而最大的風險是被踐踏或吃掉。相反地，畜牧讓人類與動物及其身上的各種長出物持續近距離接觸。有了農耕，人和動物終於得以共享細菌、病毒和寄生蟲（例如禽流感和豬流感）。除此之外，五花八門的病原菌先前埋在土裡，因為翻土而曝露在空氣中，之後飄進人類的肺部或被人類的傷口吸收，所以說，農業恐怕和一般以為的不一樣，並不是那麼美好的創新。

明確的證據顯示，即使今日，當人類的生活方式從狩獵採集改成農業時，疾病的形式也會改變。比方說，現代的圖爾卡納族人（Turkana）在這幾十年裡一度從狩獵採集變成農耕，他們所感染的細菌種類也有劇烈的變化。我們由人類化石也得到疾病改變的類似證據。有些感染性疾病會在骨頭化石上留下痕跡（例如葡萄球菌骨炎〔Staphylococcal osteitis〕），而化石證據顯示，隨著農業出現，這些痕跡更普遍了。

如果農業會對人類健康造成那麼可怕的影響，那農業為什麼會在那麼短的時間裡成為人類主要的生活方式？有了農業之後，人們更辛勤地工作，收穫卻更少，食物種類變得單一，活在污穢之中，年紀輕輕就死去，這一切的苦難到底是為了什麼呢？事實上，雖然農業讓我們進入人類的新時代，天擇無情的力量卻仍作用在我們身上。農業有種種缺點，卻仍然有些優點。首先，農業需要的土地比狩獵採集少，所以人類可以在小面積的土地上定居，人口密度遠比以前高。若沒有農業，世界上的人類可能還只有一百萬人。另外，農業社群的狀況好時，穩定的熱量來源能使人類更多產，生下更多後代。簡而言之，農耕讓人類繁衍得更多，這在演化上的確有意義。至於人類因而受苦或是英年早逝，卻不大重要。

所以從很多方面看來，人類演化的最後一萬年或許可以視為偏離正軌。這段時間裡，我們偏離了之前已經實行幾百萬年的生活方式。如果想了解中年如何演化、為什麼會演化，過去一萬年的定居農耕生活，顯然只會分散我們的注意——這不過是一眨眼的演化，對早已存在的史前人類壽命所造成的改變有限。在人屬存在於這個星球的歲月中，有九九．五%的時間不是過著定居農耕的生活。證據顯示，那九九．五%的時間裡，中年人是人類社會組成的一大部分。這很重要，表示天擇有無數個千年的時間，把中年人類塑造成我們今天看到的這個最終產物。

第四章　中年為什麼那麼重要？（首次嘗試回答）

現在，該來試著解釋中年是什麼、為什麼我們會有中年了。

目前為止，我們已經探討了中年的成因和來由。我們發現中年是人類一生發育程序的一部分，是「生命時鐘」中數以千計的基因交互作用，把我們的身體和頭腦在不同年齡時塑造成不同的模樣。我們也思考了幾百萬年的天擇是怎麼刻劃出這個計畫，讓我們擁有現代人類的壽命。我們發現，在中年時，發育的過程和老化、衰老的過程產生衝突，而這樣的衝突讓中年變得別有異趣。我們也發現，為什麼人類的演化過程中（至少直到農業發展出來為止），大多時候都有許多成年人活到中年，甚至更長命。因此，中年不只是現代我們「活太久」而遇到的似乎不自然的衰退；現代中年可以視為天擇的產物——幫助我們在史上未記載的久遠年代裡活下來。

然而，想要體會這些發現有什麼意義，還得讓這些發現符合我們今日看到的狀況——

人類對中年的日常經驗和認知。這麼說不大科學，不過我們需要找出中年的「目的」（或是說，中年對我們有什麼好處）。中年人類演化成什麼角色？這些角色是否能解釋，為什麼人類的中年看起來那麼像有規律的過程？換句話說，我們能不能開始解釋我在前言提過的中年三特徵——為什麼中年的改變那麼明確、突然又獨特？

人類很奇怪。我擁有動物學和獸醫的背景，所以一向覺得人類只是一種動物——或許聰明，除此之外沒什麼特別。但我愈拿人類和其他動物比較，人類就顯得愈古怪突兀。人類用兩腳站立，人類的生活史既獨特又扭曲，頭腦大得異常，社會結構難以理解，生殖行為怪得不可思議。不論以什麼標準來看，人類都很特別，而中年的現象則是這個物種的一個關鍵部分。

靈長類已經很特別了，但人類即使在靈長類之間也與眾不同。某些方面而言，我們讓靈長類發展到了極致。例如，靈長類通常存活率高，活得長，但人類的存活率非常高，活得真的很長。人類進入青春期的時間比其他靈長類晚，生出極度不成熟的嬰兒，長大成人的速度慢得不得了，因此靈長類不尋常的特徵也在人類身上放大。

不過，在另一些方面，我們完全打破了靈長類的特性。人類女性生產的頻率高過其他大型人猿的雌性，哺乳的時間也更長。因此，雖然分給每個孩子的資源都很多，但人類女性通常一次照顧好幾個後代。人類和我們的靈長類近親不同，女人不會等到一個孩子長大、獨立之後，才再次懷孕。還有一個明顯的例子可以證明人類很獨特：人類的女性在生育年齡過了之後，通常還能活很久。男人也會活到那個年紀之後，雖然嚴格說來還有生育力，卻常常和不再有生育力的伴侶在一起，實際上是「自主絕育」的狀態。接下來，男人讓事情更複雜了——他們雖然在年老之後還長期保有產生後代的潛力，卻比女人早死。當然，人類的男女兩性常常決定完全不生產後代，這是演化學無法解釋的決定。黑猩猩完全不會這樣。

令人挫折的是，如果想研究人類的壽命為什麼不尋常，可以依據的直接證據非常稀少。現存和我們關係最近的近親是黑猩猩和大猩猩，但牠們的生殖生物學和社會組織，與我們差異太大。如果和後農業時期的人類（現代狩獵採集者）比較，又與我們太相似。世界各地人類生活史的狀況都相當一致，甚至是人類學家愛研究的那些方面，例如兩性的勞力分配、避免亂倫的系統、社會對婚姻的認知，以及征服女人的機制。

其實，我們如果往其他方面思考，就能找到人類壽命的演化線索。演化生物學現在開始專注於與人類關係較遠的靈長類親戚，試圖做出人類族群的數學模擬。突然之間，人類開始顯得比較有道理了。原來，人類的生命藍圖有兩個驚人的創新：青春期和中年。可惜我們常用負面的角度，來看待青少年和中年這兩個最驚人的人類創新，頂多視為其他「比較重要」的生命階段之間的過渡期。然而，這兩個典型的人類生命階段，涵蓋了人生大約一半的時間。我們的生命真的該有一半是花在問題重重又負面的過渡期嗎？

當然，青春期和中年是靠簡單的歲月計算串在一起。大部分的青少年都有中年父母；這兩個生命階段的人通常在生活中直接接觸，原來並非偶然。只有人類在青春期多出十年的發育過程，我在其他地方說過，人類演化出青春期是為了把無敵的巨大頭腦發育得更完美，而頭腦正是我們這個物種得以成功的關鍵。這論點的證據不少，來自化石、精神科醫師的診療椅，還有腦部掃瞄器。但這個故事還有另一面，而互補的那一面正是中年。

人類發育延續進入十來歲的這個階段，可以視為人類兒童已有特性的強化版。人類幼兒的頭腦用驚人的速度在消耗能量、吸收新概念，所以需要的資源大於其他人猿嬰兒。頭腦的需求使得人類的生命步調和其他動物不同。我們的物種是高投資、資訊密集的經濟，一切都是為了驅使那顆龐大而高需求的頭腦生長、成熟、創造。因此，人類的一生就是在投資——成人把大量資源投入發育中的兒童頭腦，因為頭腦在後續的生命中實在太重要了。

生物學家稱這種現象為「親代投資」（parental investment），而人類是豪華版的親代投資者。不論怎麼看，人類父母投資的時間、複雜程度和嚴苛程度都超過其他動物，當然，這解釋了精疲力竭的中年人的深切吶喊，他們感覺自己為人父母的責任好像沒完沒了。但我們也該了解到，少了這些麻煩的兒童和青少年，我們大概永遠活不到四十歲。現在一般認為，人類的子代生長得太緩慢，因此天擇使我們在某個時刻停止生育，專注在我們已經有的後代身上。這種停止生育、開始照顧的時間分配，通常發生在中年。

許多研究顯示，親代投資是一個人生育成功的唯一關鍵因素——等於是他們產生成熟、成功後代的能力。我們現在其實演化到了某種地步；對人類而言，親代投資已經比生育力重要了（這或許能解釋為什麼嘗試懷孕會那麼難以預測）。在中年的某個時候，我們對現有孩子的投資會變得太重要，以致於我們不再生更多孩子。說來矛盾，生育這件事本身會變得負面，讓人無法專注於為人父母的重要工作。

如果親代投資驅動了人類中年的演化，我們就得知道親代投資的真正需求是什麼——成年人類究竟為下一代及其迅速成長的頭腦提供了什麼。

我們主要給了孩子兩種東西——最重要的是食物。要製造一個十八歲的身體，需要驚人的熱量、蛋白質和其他養分。需要蒐集食物來餵養大腦袋的孩子，對人類來說是很沉重的壓力。舉例來說，一個在休息的人類新生兒，有八七%的能量被發育中的腦子消耗掉，而其他動物的父母用不著滿足這樣的需求。別忘了，一萬年前的人得打獵才能得到這一切的能量。即使孩子能走能跑之後，我們也不讓他們參與多少張羅食物的工作。這狀況或許讓他們顯得像是人類社會的負擔，卻也能防止他們在蒐集食物時遇到危險。和其他靈長類比起來，人類兒童的死亡率很低，一部分原因就是我們不讓孩子參與狩獵和採集。人類兒童死亡的比較少，另一個原因是在他們暫時生病的時候，其他人還會提供食物；但許多動物要是「暫時」生病，常常就會餓死。

其實，人類取得食物的整個系統都很獨特。大部分的靈長類會消耗大量養分含量低、但非常容易取得的食物——野生黑猩猩的食物大多是唾手可得。相對之下，人類曾經不得不改變飲食習慣，事情大概是發生在兩百萬年前，那時的氣候變遷使得非洲草原的面積擴張。非洲的人類為了因應乾旱而待在沒有遮蔽的地方（這是非常不像靈長類的行為），在廣大的區域裡搜尋食物，希望找到罕見而難以取得的珍貴食糧。靈長類之中，人類特別擅長取得埋在土裡、有外殼、外層有毒或跑得比我們快的食物。人類專門找需要技巧才能取得的各式寶貴食物（要靠尋找、挖掘、剝皮、智取），而這大概是我們變得那麼聰明的主要因素之一。

當然，人類需要時間來學習這些技巧。黑猩猩在五歲的時候，已經可以取得足夠餵飽自己的食物，牠們很快就成為滿有效率的採集者，且成年的歲月裡都保有這種能力。相反地，人類大概至少要等到二十歲以後，才能對社群的食物預算有淨輸入的貢獻。不過，接下來發生了奇妙的事。現代狩獵採集的社會裡，成年成員取得卡路里的能力，會隨著學習狩獵和採集技巧而不斷提升。研究顯示，狩獵採集者在二十到三十五歲之間取得卡路里的能力會提高三倍。最後，每個人類得到有熱量的食物的速度，都遠超過任何黑猩猩。換句話說，人類雖然花了很長的時間才學會技能，但最後會極度擅長這些事情。從這個故事的角度來看，最令人滿意的資訊是，人類取得食物的能力在四十五歲達到巔峰（黑猩猩大多活不到那個歲數）。四十五歲的時候，狩獵採集者的力氣變差，骨質量和靈活度也下降，但他們擁有多年的實際演練和經驗，所以還是勝過比較年輕的同伴。中年人替社群取得資源的能力一向最強。

提供食物給後代的行為，對人類社會有著驚人的影響。這不是所有成人提供等量的食物餵養年輕成員這麼簡單；而是，有些成員狩獵和採集的成果，就是比其他人豐碩。靈長類群落大多可以全體一起四處遊蕩，輕鬆撿食食物，但人類不可能這樣。高超的狩獵採集需要技巧和機動性，沒道理同時帶著小孩和雙親，所以人類必須分工。社群的一些成員出去找食物，其他人則留下來。除此之外，人類還有一套系統，即沒有子女的成員也會貢獻資源給成長中的兒童。現代的狩獵採集父母從其他成人那裡得到幫助——針對南美狩獵採集者進行的研究顯示，每對夫妻在扶養子女時，平均會得到另外一．四個成人的幫忙。看起來，人類普遍的趨勢是，由成年男性（尤其是中年的成年男性）來提供額外的卡路里給為人父母者。或許也是由這些中年男性來「訓練」年輕男性；而年輕男性最終將取代這些人的角色（當然，這表示中年女性並不是主要的食物來源。我們之後會再來看她們有什麼貢獻）。

所以說，人類覓食的模式與眾不同，而中年人在其中扮演了關鍵的角色。在人類社會中，頻繁地重新分配食物似乎關係重大，這或許正是人類高度社會性的基礎，而高度社會性或許是我們頭腦這麼大的另一個重要原因。就這樣，人類生物學的獨特元素如何協力演化，答案逐漸水落石出。年輕時，我們龐大的頭腦需要非常多能量，常常需要由父母之外的人提供；我們背後的這種支援也束縛了我們，讓我們受制於緊密的社會安排；而這種社會性需要更大的腦容量。人類被困在一個智力、技術和社會性的良性循環之中，而驅動這個循環的力量正是中年人。

*

打造一個功能正常的人類兒童，需要的當然不只是食物；他們還需要資訊。先前我們看到，大部分的資訊存在於基因中。許多動物的所有資訊都在基因裡，但在哺乳類（尤其是人類）這麼複雜的動物中，年輕個體會得到另一種形式的重要資訊——跟長輩學習。

將學到的資訊藉著非基因的方式繼承，格外重要，因為這樣能包含日常生活用得上的大量資訊，而這些能幫助人們存活並且繁衍。各式各樣的知識、技術、價值觀、態度和目標都會代代相傳，而這種資訊的集合體或許可以稱為「文化」。人類用老練的手段蒐集食物，用複雜的方式照顧後代，有繁複的社會互動，因此年輕人需要學習許多文化。我們生下來幾乎沒有做任何事的知識，所以兩代之間的知識傳遞不可或缺。在成長過程中沒機會和其他人接觸的兒童，當然無法學到人類的文化，而且在往後的生命中會覺得難以正常生活。

乍看之下，用這種非基因的方式把資訊傳到下一代，似乎顯得靠不住。這不像以DNA密碼遺留給後代的方式那樣確定可靠。文化要永垂不朽，必須仰賴給下一代口頭建議和以身作則這兩種方式因時制宜的綜合。即使只有一個世代的文化傳承失敗了（比方說由於環境或社會的災禍），之後世代存活和繁榮的能力所受到的損害將會無法彌補。基因可以延續幾百萬年，但思想卻會輕易地溜走。然而，這種兩代之間資訊傳遞會瞬息消逝的特質，也是它最大的優點。一個人在某個當下得到的新技能或新領會，可能在那人的家族、後代、盟方和朋友之間迅速延續。

其實，文化雖然會隨著時間改變，卻顯得意外有韌性。人類社會極力把他們的信念和實踐傳遞給下一代，少有失敗的例子。當然，人類身為唯一擁有真正語言的物種這點，幫助很大。所以，我們甚至不用示範給年輕人看，讓他們知道該怎麼做；我們只要告訴他們就行了。人類的獨特之處，在於我們可以用言詞表達腦中想到的任何事，所以人類文明才會發展到遠遠不像其他有智慧的物種那樣，只能蒐集食物、使用工具和用聲音傳訊。所以，只有人類的成年女性能批評女兒在冬天晚上穿得太少，只有人類的成年男性能講七〇年代搖滾樂的瑣事講個不停，煩死他們的兒子。

除了中年人，還有誰能扛起這個文化傳承的重責大任？人類的生命藍圖理論現在主張，人類過了生育年齡還可以活很久，就是為了扮演這種傳遞資訊的角色。我們已經知道，中年人類兼具了經驗和精力，是人類最有力的供應者。好啦，這下子我們知道，就算精力開始衰退（肌肉萎縮，骨頭變細），人類社群的年長成員仍然是經驗最豐富的人。世界上到處都是中年人在教導及訓練青年，雖然這些青年常常比中年人更聰明伶俐。中年人因此擁有驚人的固有價值。

如果達爾文還活著，他的鬍子下想必會漾起睿智的微笑，他會告訴我們，這表示中年也會受到天擇。由於人類生命裡的中年階段有助於後代的成功，所以即使中年發生在大部分的人不再生小孩之後，卻仍然會演化。文化傳承賦予人類一種演化上的重要性，這重要性遠遠超過生育這種基本的能力。

那麼，這個中年文化傳承理論有什麼證據呢？這麼說吧，我們都知道，人類隨著年紀漸長，會愈來愈喜歡提出建議、表達意見。隨著人類逐漸老去，傳達經驗的渴望可能變成難以抑制的衝動，有時候甚至很惱人。到了中年時期的某個時間點，我們會突然察覺到一種雙重體認：我們對社會的貢獻裡，經驗和知識占的比例愈來愈大，而這輩子還能傳達這些經驗和知識的時間卻岌岌可危、愈來愈短。中年的時候，把慎重而平衡的觀點傳達給下一代的時間似乎還足夠，但老年的時候，這個過程變成拚命想把資訊塞給下一代，他們卻好像沒在聽，令人沮喪絕望。要說的事太多；剩下的時間卻太少。

當然，這類的觀察完全沒有科學根據，但中年人類是資訊寶庫的概念很符合人類生命藍圖的特殊結構。中年人類雖然生育的頻率大幅降低，身體也明顯出現衰退的徵兆，但人類其實不常在中年死去。我們在稍後幾章裡會看到，我們的頭腦（尤其是記憶和語言的部分）

在四、五十歲之間沒什麼衰退。當然了，那年紀的人（無論是父母、其他親戚、朋友或職場的良師）主要功能是儲存、傳授資訊，會有這樣的情況也是意料中的事。在這樣的前提下，值得注意的是，研究顯示老年人對支持年輕人興趣缺缺，可能是老年人罹病或死亡的早期預兆。彷彿我們一旦不再把思想傳承給年輕人，天擇就對我們失去興趣。

現在有些神經科學家認為，他們找到了人腦裡和延續文化的衝動有關的部位。他們特別指出，腦額葉的「第十區」和前扣帶迴（anterior cingulate gyrus）的梭形細胞，這兩個新演化出來而有交互作用的人腦區域，或許與此相關。在我們感覺到自己的失敗時，一般認為以這兩個區域為中心——大多成年人類不會放棄，也不會尋求建議，而是分析哪裡犯了錯，思考下次如何才能更成功。科學家主張，這個頭腦迴路是中年內省的基礎（我們之後會更深入探討），而有些人認為，這也驅動了我們傳承知識和經驗給年輕人的衝動——讓他們從我們的錯誤中學習。

我們身處於探索中年人類的轉捩點；現在，我們不只知道人類怎麼演化出中年人，也知道為什麼了。我們明白中年人擁有優越的覓食技術和經驗，這些是人類物種存活和延續的關鍵，少了中年人，人類需要辛苦維持的生活方式就完全行不通了。中年的改變那麼明顯、突然而獨特，因為這並不是無法控制而逐漸衰退的症狀，而是天擇讓這些改變成為我們的一部分，無論以實質或文化的角度，這些改變都帶給我們龐大的益處。

現在，我們可以繼續探討現代中年的本質——四十歲時，我們發生了哪些改變、為什麼會發生這些改變。但在開始之前，我還有件事要補充。龐大的腦部是人類演化的獨特特徵。我們的頭腦不但讓我們發展出複雜至極的技術和文化，也給了我們自覺。研究中年的古歷史，有一種令人發毛的觀點。過去兩百萬年來的這些中年人，並不是不會思考的機器，只受到演化無情的操控。千萬要記得，那些人很可能和我們一樣聰明、有自我意識。兩百萬年來，那些中年人思考的念頭，和今日的中年人沒什麼不同。大多的中年人可能都在皺紋出現之後，就納悶過自己在社會中扮演什麼角色。許多人會思考自己的餘生要做什麼。我相信，幾乎所有人都為了他們自覺在年輕時犯下的錯而懊惱。

現在，我們對中年的觀點永遠改變了。我們不再把史前人類當成由毛茸茸傢伙（主要是年輕人）集合而成的烏合之眾，用原始的方式拚命為下一餐打拚。現在我們可以想像，他們被頑固、自信，偶爾自以為是的中年人上層階級，管教成覓食、養育小孩的精實機器。

第五章　下垂？皺紋？毛髮灰白？為什麼？

保持年輕美麗，
你有責任保持美麗，
保持年輕美麗，
如果要有人愛你。
——阿爾・杜賓（Al Dubin），〈保持年輕美麗〉歌詞，一九三三年

現在來看看壞消息。

你或許注意到了，我對中年很樂觀——熱中於歌頌一個獨特而關鍵的人類創新，這創新經過演化，變得有生產力、正向，而且過程可能是愉快的。不過，我不能否認，中年也有負面的面向，但我希望把這些面向壓縮在這單一章節內。

大約四十歲左右，我們的身體似乎態度大變。我們的發育程序似乎內建了一些比較突

然且明顯的變化，這些變化不是緩慢漸進地影響我們，而是猛然抓住我們的肩膀，強硬地指出新方向。當然了，不論生日賀卡怎麼寫，我們都不會在四十歲就突然「變老」。人類中年的本質絕對不是變老。不過，方向的改變依然可能是劇烈的，而改變會那麼迅速，表示這其實是個有計畫、有目的的過程。我們生命的重心在幾年之內永遠改變了。

演化的力量及其對創造中年的影響，都確保了中年對身體的不同部位有不同的影響。中年人類注定扮演提供資源和傳承資訊給年輕人的重要角色，我們的其他事（例如擁有好看的外表）變得沒那麼重要。從演化的觀點來看，重要的是人類異性夫妻生下嬰兒（即使你是同性戀、單身，或決定不要生孩子，至少你所有的基因應該還是來自一對生孩子的異性夫妻）。隨著年紀變大，生孩子的潛力會逐漸降低，這是因為我們剩下的歲月變少了。所以，追求者或許還覺得我們迷人，但他們選擇我們，通常不是把我們視為一同生兒育女的可能伴侶，因此不會再因為我們年輕又有生育力的外表而選擇我們。天擇因此不再能篩選我們外表的一些特徵。我們的外表可以衰退，只要我們還能讓他人認出自己，還沒變得年老色衰或討人厭到所有目前或可能的伴侶都被嚇跑，都在容許範圍內。四十歲之後，你我膚淺的面向在某種程度來說可以去死了；這話在字面上和比喻上都成立。

在中年，最悲慘的正是身體組織中最淺薄的皮膚。皮膚似乎是最「可拋棄」的「體細胞」。驚人的短短幾年裡，皮膚明顯變得沒那麼……好看。這些改變需要幾十年的時間才能完成，但開始的過程可能突然而令人沮喪。許多人還希望自己看起來像路克或莉亞公主時，大自然已經不在乎我們最後會長得像《星際大戰》裡的尤達。中年的種種要素之中，皮膚的改變似乎最殘酷且不留情。那麼我們能怎麼對抗這種皮膚的退化呢？

*

皮膚是龐大而複雜的器官。主要由兩層構成：看得見的表層稱為「表皮」（epidermis），厚而有韌性彈力，深度較深的稱為「真皮」（dermis）——這樣的配置有點像迷人的地毯鋪在有彈性的地毯墊上頭。表皮會持續補充，最深層的部分持續產生新細胞，新細胞大約在四十天裡逐漸移向皮膚表面，逐漸變得堅韌、防水，之後在空氣中脫落、死亡。所以表皮的最上層，我們喜歡撫摸親吻的那層帶光澤的表面，恐怕只是即將死去的廢物。相反地，真皮則比較厚實而有生氣，含有血管、神經，裡面的細胞會產生纖維，讓皮膚強韌。表皮和真皮聯合起來包住我們內部的構造，把具侵略性的外界東西擋在外面，在某些地方則形成其他不同的構造。比方說，一叢叢細小的表皮可能陷進真皮中，但仍然和外界接觸，藉著這樣形成哺乳動物皮膚的兩個獨特特徵——長出毛髮的毛囊，以及分泌汗水和皮脂的腺體。皮膚是神奇的器官，優雅地執行許多重要的功能，但是對中年來說，與皮膚有關的各種消息呢，坦白說，都是壞消息。

中年的早期，皮膚開始失去彈性。皮膚彈不回來的情況或許令人討厭，但背後其實有個很長的演化故事。地球生命史中最重要的聯合行動，發生在個別細胞聚在一起形成多細胞生物的時候。在地球歷史的泰半歲月裡，生物都是單細胞的細小微生物，沒什麼變複雜的機會。比較近期時，細胞才聚在一起形成動物、植物和真菌，此時細胞就需要細長纖維狀的分子把它們固定在一起。讓許多動物固定成形的細長分子是一種蛋白質，稱為「膠原蛋白」（collagen），它有一種具彈力的同伴，叫「彈性蛋白」（elastin），動物的體重有不少比例是由這兩種蛋白構成。

真皮充滿膠原蛋白和彈性蛋白纖維，因此強韌而有彈性。中年時，真皮的膠原蛋白和彈性蛋白衰退，造成許多美容相關的煩惱。產生這些纖維的細胞數量減少，因此產生及補充這兩種蛋白的速率降低了。此外，纖維可能主動斷裂、混亂地累積，或不正常地糾纏，讓皮膚變得脆弱，難看地凹凸不平——凹凸不平常常會造成皺紋，這可不是好事。除此之外，中年時真皮的血液供應量也減少，而表皮變薄，防水的細胞連結得較不緊密，使得皮膚變得蒼白而半透明，不再是那麼好的保護屏障。

雖然皮膚膠原蛋白和彈性蛋白有點退化實在無可避免，不過有些事卻會讓這種情況惡化。其中最主要的或許是曬太陽，這現象甚至有個專有名詞：「光老化」（photoaging）。實驗研究顯示，紫外線會妨礙膠原纖維正常連結，還會促進破壞彈性蛋白的酵素產生。實驗中，如果用化學物質抑制這些會受陽光活化的酵素，就能減少皺紋產生。不過，吸菸對人類皮膚的傷害可能比陽光更嚴重——吸菸會減少流向皮膚的血液；煙霧會讓臉部的表皮乾燥；嘛著嘴叼住香菸、瞇眼擋去飄進眼裡的煙，也會產生皺紋。總而言之，想到陽光和香菸這兩個因素會造成多少傷害，我們居然還直覺認為曬黑的皮膚等於健康，有時甚至覺得吸菸看起來「很酷」，真是令人驚訝。

還有其他因子會加速膠原蛋白和彈性蛋白衰退。重力是個無情的兇手，不過我們幾乎都是直立著，所以也沒什麼辦法。不過我們倒是可以改變睡覺的姿勢。年輕時，剛起床時臉上壓著床單的印子或許有趣，不過年紀大了之後，臉上的這些紋路會愈來愈難消退。這點尤其重要，因為最容易讓我們顯老的，正是臉上凹凸不平的平膚——缺乏彈性使我們的眼皮鬆垂，或是上唇內縮，下唇凸出。如果想要顯得年輕就要仰著睡，而且為了類似的理由，最好少擺出誇張的表情。最後，壓力也會影響我們的外表；壓力會促使身體釋放糖皮質激素（glucocorticoid hormones），這種荷爾蒙會使得皮膚的膠原蛋白斷裂。

沒錯，很多東西都會加速皺紋的產生，我們相信，外在的影響和基因對皮膚失去彈性的影響力，其實差不多。這顯然表示我們可以靠著避開陽光、香菸、壓力和枕頭的復仇，來避免皮膚老化。但皺紋出現之後，還有什麼辦法嗎？很不幸的，老化的膠原蛋白—彈性蛋白系統並沒有奇蹟似的療法；當然，這並不能阻止整個中年的化妝品工業建立在這樣的「療法」上——這個工業聲稱的事，常常遊走在詐欺邊緣。

維生素A的療法可能有用，不過成效有限。維生素A雖然能促進皮膚產生膠原蛋白，但口服恐怕會比摻在貴之又貴的面霜裡有效。說來矛盾，維生素A可能讓表層的皮膚顯得乾燥，所以必須加上保溼劑，以免顧客想把錢討回來。用維生素C和維生素E來減少皮膚凹凸，也有道理——維生素C的確在產生膠原蛋白的過程中扮演某種角色，而維生素E會中和有破壞性的活性氧化物。不過，無論是維生素C或維生素E，它們對中年人類皮膚彈性或外觀的影響都未經證實。我最懷疑的美容產品是含有膠原蛋白（有時還有彈性蛋白）的面霜，皮膚存在的主要理由是為了阻止化學物質進入身體，而一塊塊加工處理過的膠原蛋白或彈性蛋白，不大可能穿透多少層表皮，更不可能穿透到真正「需要」膠原蛋白或彈性蛋白的真皮層。即使到得了真皮層，我可未必想要那東西神奇地結合進我的真皮，何況最好別去想，那些膠原蛋白究竟是化妝品公司從哪裡弄來的。

所以，想要避免一些皮膚的皺紋，與其更換面霜，不如改變習慣，但是一旦長出皺紋就沒辦法了，除非動手術把皮膚拉平，或是用肉毒桿菌素麻痺皮膚，讓臉皮變成一張平滑沒表情的面具。別再浪費錢了，不如針對皮膚的未來，給你的孩子一些好建議。我從長年痛苦的經驗中學到，很多孩子不願意吃得健康，老愛臭著臉，不肯避開陽光，而且中年對他們而言遙遠到無法想像，他們通常不大擔心到那時候可能看起來像個褐色皮包。不過，就皮膚而言，循規蹈矩的青春遠遠好過受到誤導而揮霍的中年。

皮膚失去活力和彈性的情況，對每個人的影響都不同。這可能造成耳垂下垂，鼻子拉長；在女人身上，則是乳房下垂的主要因素。可惜乳腺不是為了長期結構完整而設計的。乳腺和其他重要腺體不同，既沒有骨骼保護，也沒有肌束支持。乳腺完全是皮膚的衍生物（大約是改造後的頂漿腺〔apocrine sweat glands〕），所以唯一實際的支撐是一般皮膚中存在的膠原蛋白和彈性蛋白那一點點幫助。更糟的是，乳房組織的主要組成（脂肪和乳腺）本身的結構並不強健。因此，鬆弛的乳房纖維囊會逐漸衰退，在對抗重力的戰爭裡節節敗退，也因此，胸部小的女性看著曲線迷人的同伴早一點下垂，會有某種滿足感。曾經懷孕、哺乳也會加速衰退，因為懷孕和哺乳會使得乳房膨脹、縮小，進一步拉長纖維囊。

另一個「沒有支撐物」的重要人體器官是睪丸，許多中年男性發現他們的睪丸會隨著陰囊的皮膚鬆弛，垂得愈來愈低。跟乳房不同的是，至少還有一股肌肉連接睪丸和軀幹，但就算那股肌肉也會逐漸衰弱。

不過，中年皮膚發生的變化不限於失去韌性和彈性，還有其他不利的因素在真皮下運作，對我們的外表產生不良影響。很多人的皮下脂肪墊會萎縮，臉部的情況尤其明顯；而先前，這些脂肪墊讓他們臉部的輪廓豐滿平滑。令人挫折的是，這發生在我們許多人試圖控制體重的時候；中年時體重迅速下降，可能讓脂肪墊加速消失，最後讓我們看起來更老，甚至顯得憔悴。

經常會洩露我們年紀的另一個部位是手，而到目前為止，整型醫師能夠解決這問題的辦法並不多。這種現象是因為我們的手雖然有些皮下脂肪，但墊在皮下的大部分是操作手部複雜動作的肌肉。這些肌肉在中年時會萎縮，部分可能被纖維組織取代，使得手的外觀變得皺紋遍布、骨瘦如柴，且指甲變細、變得凹凸不平，還會讓手整體看起來更糟糕。

中年的時候，皮膚的相關分泌情況也會減少，包括「汗腺」分泌的水狀汗水；因此我們承受熱度的能力也下降了。此外，皮脂腺的分泌也會減緩，這情形可能對皮膚微妙的溼度平衡產生負面的影響。這改變在女人身上劇烈多了，根據研究，接觸自來水這麼粗糙的保溼劑就能迅速提高中年女性皮膚的柔軟程度，但不會影響男性。當然了，這表示女性使用保溼劑比較有利，尤其是在深夜裡她們把臉抵著不成形的枕頭之前。其實，保溼大概是少數真正有效的化妝品干預，不過這種辦法的時效很短，需要經常補充，因為保溼劑只會影響最外面幾層的表皮細胞，而這幾層細胞注定在幾天裡脫落而被取代。

中年皮膚這個悲劇故事的最後一章和皮膚色素有關。人類皮膚的顏色取決於色素——黑色素（melanin）和類胡蘿蔔素（carotenoids）——輔以真皮層血管中紅血球的溫暖色澤。前面說過，中年時真皮的血液供應量會下降，皮膚也會因為脆弱、彎曲的血管而變得難看。不過，膚色最劇烈的變化是黑色素的分布變得更不規則、不均勻。中年時，分泌黑色素的細胞總數下降，同時皮膚的血流下降，大多數人的皮膚因此顯得較為蒼白。中年人雖然普遍皮膚蒼白，卻常出現黑色素聚集的斑點。這些斑點可以稱為「肝斑」或「曬斑」，不過這和肝沒什麼關係，第二個別名倒比較準確。這些斑點的主要成因是曬太陽，這種皮膚存放保護性黑色素的自然趨勢，永遠銘記在我們老化的一塊塊皮膚上。就這樣，我們又一次在步入中年的時候，為年輕時在陽光下玩樂而付出代價。

哺乳類的皮膚最了不起的細節是毛髮。表皮的細小毛球（bulb）開始伸出含色素的細長柱狀角蛋白（keratin），形成毛髮。

至少在我們年輕時，這些柱狀物還含有色素。毛髮變灰的過程通常斷斷續續地從三十歲時開始，在中年時飛快地繼續，到了六十歲，我們大部分的人幾乎都滿頭灰髮了。頭髮變灰的年齡和速度當然因人而異，我們認為頭髮變灰幾乎完全受到基因控制，因此，頭髮變灰和皮膚老化大不相同，你幾乎什麼也沒辦法做（除了染髮）。就連人類之間也有一致的差異，例如高加索人頭髮變灰的年紀比其他人種更早。然而，要知道，頭髮變灰和中年人的許多特性不一樣，這並不是人類獨有的特徵。想想年老的黑色拉布拉多犬有銀白的吻部，就知道許多動物在年紀大的時候，毛髮也會變灰白。不過，巨猿的毛髮的確最容易變灰，還有雄性大猩猩的誇張銀背，或是圍在衰老的黑猩猩臉部的那道灰色，都讓我確實懷疑，靈長類是否把灰白的毛髮當作彰顯年齡的特別信號。也許我們甚至用這點來表現自己身為文化資訊寶庫的重要性。

人類頭髮變灰並不是一個均質的過程。最先變灰的常常是額頭處，或是小撮小撮地沿著瀏海長，然後一點一點地蔓延全頭。很多人有大面積的頭髮是灰髮和有色素的頭髮交雜，這情況常常會維持幾十年。體毛通常在頭髮之後才會變灰，而男性臉上毛髮變灰的模式可能很複雜，這或許反映了對其他許多靈長類而言，鬍鬚和臉部毛髮是雄性氣概和權勢的象徵。最後是大家都不想思考的一個中年問題，沒錯，陰毛也會變灰，不過幸好比較晚開始，而且有時完全不會變灰。

科學家就快揭露毛髮變灰背後的過程，不過並沒有因此得到靈感，而找出延遲毛髮灰白的方式。毛髮和皮膚不同，毛髮的顏色完全取決於黑色素，即使紅髮的顏色也是來自「假黑色素」（pheomelanin）。頭髮變成灰色，是因為個別的毛囊裡失去黑色素。人體大部分的黑色素是由黑色素細胞（melanocyte）這種罕見的細胞製造的，這些細胞在發育中的胚胎神經系統附近形成，然後湧向全身上下。這些細胞聚集的地方之一正是毛囊，它們在這裡把黑色素融入成長中的角蛋白毛桿裡。

毛囊不會一直長出同樣的頭髮。頭髮大約每五年就會脫落，新的頭髮開始生長，新的黑色素細胞會湧進毛囊，產生色素。中年時，毛囊補充黑色素細胞的效率變差，黑色素細胞進入毛囊之後，也比較容易死亡。不過，這種耗竭並不是整顆頭一致的現象，神祕的是，這情況只會影響個別的毛囊，所以大多數人才會經歷一段「頭髮白花花」的階段，有色素的毛囊之間參雜著沒有色素的毛囊。黑色素細胞雖然分散，但黑色素細胞的衰退卻無法逆轉，所以拔灰頭髮並不會讓你長出有色素的頭髮（這也不會像一般以為的那樣，讓一個毛囊長出一連串的灰頭髮）。毛囊黑色素細胞衰退可能是中年預先設定的一個改變，也可能是多年來不斷產生頭髮的極端代謝需求，使得毛囊「耗竭」。製造黑色素會產生活性氧化物的副產物，我們已經看過，這些副產物參與了老化的過程。毛囊也能累積高濃度的過氧化氫，這些過氧化氫不會直接把頭髮染成淡金色，卻會毒害黑色素細胞。

毛髮的分布和毛髮的色素一樣會在中年改變。我不會討論雄性禿頭的模式，因為雄性禿頭常常早在二十多歲就開始，所以並不是中年的典型特徵。不過，毛髮質地和人體大部分的毛髮分布，的確會出現驚人的改變。體毛有兩種，細緻、柔軟、幾乎看不見的「毫毛」（vellus hair），以及粗糙、通常含有色素的「終毛」（terminal hair）。毛囊受到雄性激素（例如睪固酮）的刺激，原來飄逸的毫毛會轉成突出的終毛。所以，男性和女性的體毛和臉上的毛髮才會有差異。其實他們的毛髮分布幾乎相同，但女性的大部分是毫毛，男性則大多是終毛。此外，不同的毛囊對雄性激素的敏感度也不同，所以幾乎所有女性的腋窩都會長出明顯的毛髮，下巴的毛髮卻不明顯。

除了男性的體毛，我想不到有什麼更明顯的證據，能證明我們的發育程序在一生中持續作用了。人在青春期、十八歲，甚至在那之後，都不會「明確」形成最後的體毛分布。相反地，體毛的分布模式到二、三十歲還會持續改變，而且常常持續到年紀更大的時候。「生命時鐘」很顯然還在滴答走動。在中年之前，看起來通常像一片逐漸濃密、擴張的毛髮森林；但到了中年後，之前持續成熟的男性體毛調了頭，變得沒那麼吸引人。大家的耳朵和鼻子裡都會長毛，不過通常是不顯眼的毫毛，推測應該具有些微的保護作用。不過，中年男性的眉毛和耳朵、鼻子裡的毛都會變粗、變長，報紙廣告上那些古怪的除毛道具突然變成好主意了。女性也會長出更多終毛，只是數量遠比男性少。不過，她們比男性更容易把上脣或下巴偶爾出現的終毛視為美容上的恥辱；至於男性，他們已經有幾千根這樣的毛髮。中年體毛有個惱人的矛盾處，許多中年體毛最討厭的特性都是血液中的男性荷爾蒙造成的；然而中年常常是這些荷爾蒙減少的時期，之後我們會看到，有些男人會懷疑這是否為他們失去性慾的原因。中年的毛髮真是難搞。

*

分析天擇在人類四、五十歲時，對人類的外表失去興趣，沒什麼不好。不過，我們大家真正擔心的是，我們對自己的感覺會受到什麼影響，還有其他人對我們有什麼反應。

人類天生就會評估別人的年紀和美貌，這點不太需要懷疑，我們會用這一章介紹的許多現象當作線索。比方說，對視覺系統的研究顯示，皮膚色調年輕而均勻的臉孔，最容易吸引我們的目光，而我們在這些臉上的視覺「停留時間」也比較長。此外，問卷調查的研究結果顯示，膚色均勻被視為年輕、有吸引力的象徵，而皺紋、灰髮和縮小的唇部，會讓人覺得年紀比較大。其實，我們的潛意識似乎探索得更深入一些，我們分別把皮膚的色素和質感視為健康和壽命的獨立指標。比較同卵雙胞胎的研究顯示，吸菸或較常曝露在紫外線之中的人，吸引力的評分比較低。其他的雙胞胎研究顯示，提高四十歲以下者的體脂肪含量，他們（在被要求猜測他們年齡的受試者眼裡）會顯得比較老；四十歲以上者增加體脂肪，則會顯得較為年輕。一般人對自己皮膚的評估意外地一致。

大部分這類研究檢視的都是女性的外表，換句話說，是要男性和女性去評估一張女性的臉孔年不年輕。我懷疑這樣的實驗設計，不是因為研究社群裡任何固有的性別歧視，而是因為女性對皮膚老化和頭髮灰白的擔憂顯得比較強烈。誰都不喜歡皮膚或頭髮老化，不過看起來女性的確比男性更擔憂。許多人表示，兩性之間吸引力的「不對稱」（尤其是年紀增長之後）相當不公平。研究顯示，不管男性或女性，都不會用對待女人臉部皺紋和灰髮的負面態度，來看待男人的皺紋和灰髮。某種程度而言，這點對男性來說很有利，因為男性的臉部肌肉比較靈活，會較早在中年長出皺紋。不過我並不認為，我們對兩性老化的認知差異，可以完全用「我們生來就接受男性比女性粗獷一點」來解釋。

相反地，不同的人身上吸引我們的是什麼，幾乎取決於這人是男是女。我們之後會回頭看這個人類老化在本質上的不公平現象，目前就這麼說吧，我相信這能解釋我們看待男性和女性的中年時，為什麼看似不公平。在政治正確、科學導向的現代世界裡，我們很容易忘記生命中有些事本來就不公平，而年紀與美貌正是如此。有些中年人美麗，有些顯得年輕，有些看起來年輕又美麗，許多則是不年輕又不美麗，而我們只能接受這個事實。至少已開發世界的中年人看起來已經比以前年輕了——染髮、吃得好、戒菸、在室內工作，對我們大有好處。

即使我們很不想承認，但我們頭腦天生就會受到膚淺的吸引。不過，一對伴侶在年紀大了之後，會發生什麼事呢？是什麼讓人類夫妻維繫在一起？對一對伴侶而言，他們會隨著自己步入中年，慢慢在性方面或感情層面，變得喜歡較年長（也就是剛好與他們的伴侶年紀差不多）的男子或女子嗎？或者他們只是把伴侶過時的年輕身影重疊到自己眼中真正的影像上面？還是人類的一夫一妻制只不過是一種社會的產物，中年人事實上寧可拋棄逐漸年老的伴侶，去找比較年輕的人？我們之後會繼續思考這些發人省思的問題。

中年時，外表的改變也會強烈地影響我們的自我形象，而這主要是因為人類生命藍圖裡年代分類的閃失。在兒童和青少年時，我們「覺得」自己很年輕，而主因之一是，我們覺得自己「看起來」很年輕。我們的皮膚有光澤，膚色均勻，毛髮茂盛色深，這和我們的父母形成強烈的對比；在我們的年紀大到會汴意這些時，父母的皮膚和頭髮通常已經顯示出中年的變化跡象。即使我們才滿二十或三十歲，我相信我們還是把自己歸類為「年輕人」，因為即使這時候我們肩上的生活壓力已經變重了，但我們仍舊皮膚光滑、毛髮濃密。不過，一旦超過四十歲，我們就會開始注意到外表的改變；我們一向直覺認為那是我們父母的模樣（恐怖呦！）。人類是非常有自我意識的物種，而中年來臨時外表的嚇人改變，是個能讓我們改變對自己的看法的殘酷因素。

這就是壞消息，現在濃縮在一章裡了。我們的結論是：生命不公平，和皮膚有關時更是不公平。中年時外表的改變看似是人生中簡單明瞭的一部分，但這下子，這些改變帶來了「性別」這個燙手山芋，我們稍後會再回頭說明。在那之前，我們會討論中年外表的另一個面向，你可能很意外，我對那個面向的看法居然比較正面。接下來的主題是：肥胖。

第六章　中年發福很正常，不是嗎？

人類的體重發生了古怪的事。我們幾乎每天都會聽到，肥胖的程度不斷攀升，成了已開發世界的危險問題。人類比以前胖，而且肥胖造成各種疾病，人類的平均餘命甚至可能在幾世紀以來第一次縮短。

然而，我們不該對這個現象感到意外。吸收的卡路里和消耗的卡路里不均衡，必然導致肥胖，就這麼簡單而已。很多人坐著不動的時間比他們祖先在幾十年前更多，但我懷疑，現代肥胖的主要兇手是食物密度和容易取得的程度。大量高脂高糖的食物現在對很多人而言是唾手可得，而且我們很喜歡吃這些東西。在我們從前演化的環境裡，沒有塗著橘子醬和巧克力的佳發餅乾（Jaffe Cakes），難怪我們完全無法抵抗佳發餅乾的誘惑。我們甚至讓孩子也變胖了，這可是了不起的成就——未成年的哺乳動物在成長和玩耍的過程中會消耗大量的能量，要把他們養胖其實很不容易。

然而，我們在探索人類中年的過程中，不該把重點過度放在「現代肥胖」上，也不該讓這問題模糊了我們真正的目標——人類體型在四、五十歲時是如何改變，又是為什麼會改變。中年的體重增加是另一種獨特的現象：早在兒童肥胖變得普遍之前，中年肥胖就很明顯了，而且中年肥胖會造成一堆其他問題。此外，大家常覺得中年肥胖很自然、很正常，可以接受。事實真是這樣嗎？

肥胖這件事很不可思議。成人身上常常有十到十五公斤的脂肪組織，這分量的脂肪所含的熱量可以讓我們活上兩、三個月，很難想出預防未來食物缺乏更有效的辦法了。

在已開發國家，有八成的人在四十多歲時體重增加。有個研究顯示，男性在四十到五十歲間，體脂率會從二十三．六增加到二十九．三，女性則從三十三．四增加到三十七．八。體重平均一天增加一公克，雖然聽起來不多，但多年積累之下，很快就積沙成塔。那一公克也顯示飲食與運動的平衡如果持續估計錯誤，即使錯誤很小，也容易造成驚人的影響。

但這些都是平均值，會掩蓋複雜的模式。比方說，社會經濟和教育程度對中年肥胖也有複雜的影響。「地位比較高」的女性在青年時期比較瘦，而且之後繼續保持，不過她們的肥胖程度在中年時比較早達到巔峰。相反地，地位高的男性年輕時沒有同樣的苗條趨勢，但他們肥胖程度到達巔峰的時間比地位低的男性晚。在已開發國家，男性的體重在大約五十五歲時到達巔峰，而女性則是六十五歲。此外，值得注意的是，目前雖然肥胖氾濫，瘦的人並沒有變得比較胖，而是和以往一樣瘦，但胖的人超乎比例地更胖了，因此平均的肥胖程度向上偏移。這些趨勢在開發中國家也很複雜，有些國家呈現出和已開發國家相反的模式，他們的肥胖程度在二十到五十歲之間下降；其他國家則的確有中年肥胖的情況，但是卻同時出現兒童營養不足的狀況。

人類一生中有五個主要的獲得脂肪階段，不過只有前四個階段有顯著的益處。第一個階段是在胚胎期的晚期，我們在幾乎沒有脂肪的骨架加上一層薄薄的脂肪層。外面的世界寒冷、嚴苛，我們要適應在外面的生活時，會發生代謝混亂的情況，這層脂肪就是為這情況所做的準備。第二個儲存脂肪的階段是嬰兒時期早期，我們儲存脂肪以供應快速的生長、劇烈的活動，並且建構龐大的腦部。很多人不論最後的身材如何，在嬰兒到幼兒的轉變期都圓圓胖胖的。第三階段是女性的青春期，那時雌激素促使脂肪儲存，讓女生長出獨特的曲線。第四個階段發生在懷孕和哺乳時期，這時脂肪的儲存量增加了二到五公斤，以滿足胎兒和新生兒成長的龐大需要。（雖然科學文獻沒提到，但我想插進另一個脂肪儲存的階段，這階段發生在我們不再長高的時候。許多女性的體重在十八歲之後都會增加一點，男性青春期瘦巴巴的體型通常能維持到二十一歲左右，因為他們骨頭停止生長的時間比較晚。大量的酒精加上不再拉長的骨架，可能突然造成儲存剩餘卡路里的趨勢。）

儲存脂肪的這四個早期階段都很有道理，發生在中年的第五個階段則沒那麼容易解釋（我們等等就會回頭來看這個問題）。我們已經知道，在已開發和開發中國家，很多中年人的體重並沒有增加，所以體重增加顯然不是放諸四海皆準的現象。不過，如果有足夠的食物就會中年發福的趨勢很明顯，雖然很難解釋為什麼。

人類得到脂肪時，脂肪會往全身去。儲藏脂肪時，大部分會囤積在皮膚的真皮層下，甚至會囤積在手指、腳和頭皮這些部位，所以減重的人常常得買小一號的鞋子和帽子，而且戒指不再合手。不過，脂肪也會存在身體內部，在胸腔內、網膜裡，形成一層懸在胃上的脂肪膜。

人類和大部分的物種不同，兩性之間的脂肪量與脂肪分布都有極大的差異。青少年時期，先前的一些細微差異因為雌激素的作用而放大，女性儲存的脂肪比男性多；到成年時，女性身上的脂肪比男性多三分之一到二分之一。這些脂肪大部分是皮下脂肪，雖然女性四肢的皮下脂肪也比較多（女性就連小腿和前臂都比較有曲線），但主要還是儲存在乳房、臀部和大腿。這種新脂肪的分布情況，在不同女性身上當然不一樣，有些女性大腿細、乳房豐滿；有些則是大腿粗，乳房小。但這顯示，對每個青少女而言，脂肪分布是個受到控制的規律過程。

相較之下，男性脂肪儲存的地方遠比女性適合打獵、採集等跑來跑去的工作——在腹部裡、腹部的皮膚下。肥胖的人奔跑時，想讓身上的肥肉前進，顯然比較辛苦，但至少他的肥肉沒掛四肢末端搖來晃去。想想看，如果要你帶著鉛製砝碼跑一哩，你會把砝碼綁在小腿上還是腰間？換句話說，對運動而言，肚子發福比較有效率，不過我們之後會看到，這對健康有點害處。男性腹部脂肪的消長也會影響裁縫作工，最近一間英國服飾零售業者委託的研究就解釋了這個現象。十二歲男孩的長褲扣在合理的地方，也就是腰間。不過，隨著流行和青春期後肌肉開始發育，十六歲時平均的腰帶高度會降到底，幾乎露出屁股。接著褲頭開始緩慢升高，在二十多歲經過腰線，五十七歲時來到一個壓在肚子上的頂點。最後，因為男性在那之後通常體重會降低，他們的褲子又會往下滑，回到解剖學上的腰部高度，不過年紀大的男人腰部並不明顯，所以褲子可能毫無預警地滑落到腳踝。

體脂肪這種誇張的性別差異完全不會發生在其他動物身上，令人思索為什麼人類會有這種情形。許多哺乳動物的雌性在食物充足時容易儲存脂肪，但牠們不會在青春期自動累積，脂肪分布的部位和雄性也沒有顯著的差異。舉例來說，並沒有曲線窈窕、女星珍．

曼斯菲爾德（Jayne-Mansfield）一般的黑猩猩或大猩猩，有的話才奇怪，因為我們直覺知道，雌性的曲線是人類的專利。有許多理論解釋人類的女性為什麼會有那麼獨特的脂肪儲存方式，其中一個理論認為，我們嚴苛的生殖系統，會產生成長時間重疊的後代，每個後代都努力讓自己龐大多脂、亟需能量的頭腦長大，這表示女性必須提前儲存脂肪，以因應生育的需求。此外，從前覓食工作比較動態的方面是由男性負責，他們擁有重要的身體質量、高大的身形、肌肉更發達，突然之間，女性額外的脂肪儲存開始顯得像珍貴的資源。至於是不是因為男性選擇會累積脂肪而有曲線的伴侶，所以強化了這個傾向，我要留到下一本書再討論……。

那麼，為什麼兩性都有那麼多人在中年囤積脂肪呢？首先要考慮一般人們會懷疑的原因。中年人和青年比起來，通常擁有體力需求比較低的工作，休閒運動也比較少。他們有比較多的錢買食物和酒。他們也可能比較不在意外表，這或許是因為他們通常有穩定的性關係。我們都知道，在找到真愛之後伴侶會開始發福，分手後的人則會減肥，瘦到對別人比較有威脅的體重。

但事情不只是懶惰、貪婪和性慾滿足這麼簡單。中年時期，身體組成會發生驚人的變化，其中有個變化是「肌少症」（sarcopenia）。這名字聽起來嚇人，其實只是表示肌肉質量減少，而這個改變很難預防。雖然肌少症的影響在中年最明顯，而且的確在女人四十多歲時發生，但在男人身上可能早在二十幾歲就發生了。我們不大確定為什麼會發生肌少症，不過有可能是因為荷爾蒙變化，或控制肌肉的神經退化，或是這兩個因素的組合。肌少症顯然會影響肌力和爆發力，例如，握力在四十五到六十五歲之間會衰退十五％。我們先前說過，中年男性在許多人類社群裡都是主要提供食物的人，這麼一來，他們的肌肉在這時期開始衰退或許很奇怪，但這可能表示經驗和狡猾比蠻力更重要。

中年肌少症有個重大的後果，那就是肌少症對代謝的影響很劇烈。肌肉是活躍的組織，會消耗大量的能量，所以肌肉萎縮的時候，身體對熱量的需求也會降低。此外，肌肉質量減少，對我們代謝脂肪的方式也有某些影響。這些改變造成的最後結果是，我們燃燒能量的速率（也就是「基礎代謝率」）在中年時期不斷降低，每一年裡，我們每天需要攝取的熱量都減少十卡。當然，這表示為了維持穩定的體重，我們必須吃少一點，但想吃少一點通常不容易。這現象本身就足以解釋為什麼減重的中年人，會發覺很難不讓失去的體重長回來。

更糟的是，中年人不明白自己變胖是因為脂肪取代了正在流失的肌肉。肌肉換脂肪這種「直接交換」的情況，表示雖然他們的體脂率正在迅速攀升，體重增加的速度卻不會令人警覺。然而，肌肉換脂肪的確改變了體型。肌肉質量減少的主要部位是四肢（大部分的大肌肉分布在這些地方），而脂肪主要堆積的地方是腹部（至少男性是這樣），因此形成了典型的「老人」體型——肚子大、四肢瘦長。這故事告訴我們，如果希望中年能維持苗條身材，不該量體重或計算身體質量指數，而是要量腰圍。

女人是否面臨了同樣的難題，還有爭議。據說，許多女人覺得她們在生育力變差之後體重增加，有點類似結紮的寵物會變重。即使真是這樣也不奇怪，因為我們知道動物的生殖系統會耗去不少的能量，所以不再生育就可能多出許多沒消耗的卡路里。然而，研究顯示，很難證明中年女性體重增加是因為更年期，而不是年紀漸增的結果——統計上的關聯似乎不大明確。藉由荷爾蒙補充療法逆轉一些停經時的荷爾蒙變化，似乎的確和腹部脂肪增加的幅度減小有關，但其他研究顯示，停經和體重增加沒有直接的關係。例如，社會經濟地位高的女性，常常在更年期之前就達到體重的巔峰。還有，女人在更年期之後通常比較少運動，這可能才是體重增加的原因，而不是其他直接的影響。

不論真相是什麼，中年女性身上的脂肪分布的確改變了，堆積的方式變得比較接近男性，集中於腹部——女人通常不喜歡這樣。不幸的是，生過孩子會讓這些問題加重，讓腰圍、臀圍和大腿圍變大，皮下脂肪普遍增加，尤其脂肪主要集中在腹部。不過我們也看到，對運動而言，那樣的脂肪「集中」分布較有效率，因此這個趨勢雖然不吸引人，卻有優點。

那麼，身體為什麼沒有內建一個抑制食慾、防止中年肥胖的系統呢？其實腦部的確能控制食物攝取，而且非常有效。其實可以說，中年每天一公克的錯誤恰好證實了這樣的控制有多準確。瘦素（leptin）是這個控制系統的一個要素，這種荷爾蒙才剛被發現，就被報導成一個防止肥胖的途徑。脂肪細胞會產生瘦素，瘦素在囓齒類身上會抑制腦中促進食慾的那個區域，所以胖小鼠會吃得比較少。相反地，瘦素基因突變、受損的小鼠會變得極度肥胖。乍看之下，瘦素或許是控制人類食物攝取量的理想辦法，比方說，瘦素濃度下降，的確會促進人類的食慾。然而很快的，從人類身上得到的資料變得比小鼠的資料還讓人不解。當攝取的脂肪量不變時，中年女性製造的瘦素比男性多，然而較多的瘦素並沒有讓她們少吃一點，或是甩去那些脂肪。此外，肥胖者身上的脂肪組織製造的瘦素量其實超出預料，不過似乎不會減少他們的胃口。

看來我們集了兩種缺點之大成。荷爾蒙擅於在我們瘦的時候讓我們多吃一點，但我們胖的時候，荷爾蒙卻不會讓我們少吃一點。我們的「肥胖狀態」只會單向運作。和小鼠不同，瘦素在人類身上似乎無法有效地抑制食慾。瘦素在人體的主要角色或許是維持脂肪儲存，讓脂肪儲存足夠支持懷孕和哺乳的女性受孕。過去發生的某些事，讓我們的身體不擔心變胖這件事。

*

這點說來奇怪，因為我們都知道肥胖會造成疾病。最令人擔心的是，「中廣型」的腹部脂肪分布對我們中年的健康似乎最有害。或許用「肥胖」這個詞不對，因為我們常常用它來表示「嚴重超重」。事實上，中年人的腰圍即使只是稍微增加，也和罹患疾病的機率上升有相關。

中年肥胖造成最重要也最有趣的疾病是心臟病，死於心臟病的人比任何疾病都要多，其實約有三分之一到二分之一的人死於心臟病。診斷出心臟病比診斷出癌症更糟糕（和一般認知不同，癌症在過去幾十年中其實算是能「治療」了），而且病程比較長，也比較令人虛弱。和本書最有關係的是，心臟病打破了中年人整體而言很健康的定律，美國心臟病發的案例中，有四〇%發生在四十到六十五歲的人身上。

不過，動脈粥狀硬化、冠狀動脈阻塞和心臟病，就像中年本身一樣，幾乎也是人類特有的現象，大部分的哺乳類根本不會罹患這些疾病。有些巨猿和鳥類會有這些疾病，但人類罹患心血管疾病的數量仍然遠遠超過牠們。我們知道人類罹患動脈粥狀硬化至少有幾千年的歷史了。像是古埃及的祭司常常把寺廟的豐富貢品帶回家，而他們經過防腐處理的屍體證明，他們經常因此年紀輕輕就死於動脈堵塞。另一個常常和肥胖與心臟病扯上關係的疾病——第二型糖尿病，也有久遠的歷史。這種病會使超重的身體不再對胰島素有反應，促使脂肪囤積在冠狀動脈，而古埃及、希臘和羅馬的文獻都曾經記載。其實，十八世紀初時，和富貴有關的疾病只有第二型糖尿病和痛風。

肥胖、糖尿病和心臟病的糾葛非常複雜。肥胖不只會直接使心臟承受的壓力增加，還會造成糖尿病、高血壓，使得血脂的化學平衡失調，間接損害心臟。已開發國家中，血液中的膽固醇和三酸甘油酯在人們二十歲到六十歲之間增加，而我們的脈搏在五十多歲時變得比較不規則，心臟打出的血液量也減少。罪魁禍首似乎是中年人肚子裡的脂肪，這些脂肪可能釋出化學因子，使得其他器官不理會胰島素的影響。相較之下，皮下脂肪沒那麼有害，所以抽脂或是腹部整型手術對你的心臟沒什麼幫助（而且飲食習慣不改變的話，手術取出的脂肪很快就會被補上）。

那麼，人類為什麼會演化出這個荒謬的系統呢？這系統對我們的食慾沒什麼約束力，但是中年即使只是微微發福，卻對健康有那麼大的危害。

我們只能確定一件事。中年人覓食和取得食物的方式跟以前不同了。農業開始之前，我們的食物供給雖然充足，卻沒什麼動機去耗費力氣取得超過需求的食物；那時候的我們吃得不多，所以不會變胖。因此，以前沒有肥胖這種事，用不著發展出預防肥胖的荷爾蒙系統。之後，隨著農業出現，大部分的人類食物變得需要辛苦取得，而且基本上是素食。饑荒變成常有的事，作物是季節性的，所以飢餓也是季節性的，而龐大的人類聚落中的社會不平等，更讓情況雪上加霜。所以過去幾千年裡，沒有防止肥胖的演化動力，卻有強烈的演化動力讓人在富足時儲存脂肪。

有些人類學家認為，人類生理機能適應飢荒的特質可能始於更早的年代。在幾十萬、甚至幾百萬年前，當時的氣候變遷使得食物稀少且來源不穩定。甚至有人認為，人類這個物種的生理就是「飢荒種族」的生理——發育緩慢、長壽、為了因應逆境而有大腦袋；生育力低落，只有在雌性胖到一定程度才會提高生育力。總而言之，我們繼承的代謝機制都是以保留體重為目的，而不是甩掉體重。

這個理論甚至有個名字——「節約基因型」（thrifty genotype）。這理論的概念是，任何經歷過食物來源不穩定的物種，都會因應飢荒而演化，在飢荒時停止生殖活動，把資源用在維持生存。若給我們食物，我們會儲藏起來，而不是用掉。這種天性節約的遺傳變異也能解釋，為什麼有些人類的亞節（sub-section）比較容易肥胖，例如移民到夏威夷的薩摩亞人（Samoan），或是美國各地不同民族的高加索人之間的差異（舉例來說，肥胖比較常見於西班牙裔女性，較少見於非西班牙裔女性）。也許有些人從前被迫比別人更節約（也有人認為，非裔美國人罹患心血管疾病的比例高，是因為越洋運送奴隸時，對不會死於飢餓或缺鹽的強烈篩選造成的。）或許節約甚至能解釋為什麼人類會罹患動脈粥狀硬化，也許以古代的飲食，可以從食物中吸收、利用最後一點卡路里和脂肪是一種優勢。

演化的觀點或許也能幫我們回答另一個人類生命的重要問題：男人的壽命為什麼不如女人長。這種差異一部分是因為男性的體脂肪雖然通常比較低，卻遠比女性容易罹患心血管疾病。之所以如此的原因之一是，我們認為雌激素在女性身上有種「保護心臟」的功能，尤其是在更年期之前，而男性血液中的雌激素很少。然而，這個發現並沒有提出預防男性心臟病的實際辦法，因為我們無法接受雌激素在男性體內會產生毒性與女性化的副作用。月經週期本身可能也能預防心臟病，因為月經週期中的某些特定時候，以及懷孕的時候，心臟搏動速度會加快最多五分之一。因此，女性的心臟每隔幾週或幾年經常「鍛鍊」，長期下來，這樣的額外運動有可能會使心臟更健康。

然而，辨識出男性心臟病比例較高的直接原因，並不能解釋為什麼會演化出這種不平衡的狀況。一般人或許覺得天擇會讓男性和女性活得一樣長。幾乎所有哺乳動物兩性的壽命確實差不多，人類的男性似乎成了例外（不過有些鯨魚也有兩性壽命長度不一致的情形，而且我們之後會提到，這不是我們和鯨魚親戚唯一共同的特徵）。男人似乎再再注定死得比女人早，不論是死於心臟病、意外，或是酒精、藥物。他們甚至容易忽略自己的健康——中年男性一直覺得自己比女性健康，雖然他們實際的健康狀況可能比較糟糕。而我們這些想法錯誤的健康樂觀主義者，不願意尋求醫療協助的情況也是惡名昭彰。

意外的是，有個演化理論可以解釋為什麼男人比較早死——他們為什麼會被心臟病擊倒——而理由就是我們的宿敵：拮抗多效性。這理論的預測是，青年時期可以促進生育的基因會繁衍興旺，雖然這些基因會在後來減短人類的壽命。對人類男性而言，吸引女性以及男性之間的競爭都是耗精力又累人的過程，因此出現了一群基因來幫助年輕人競爭、繁殖，這些基因在之後的歲月卻會對他們不利。產生睪固酮的基因正是好例子。睪固酮會促進男性年輕時的競爭行為和性活動，到了年老卻會造成攝護腺癌和其他癌症，而且不像雌激素有保護心臟的作用。所以簡而言之，男性會早死，是因為他們投資太多在好色又暴躁的年輕歲月。史前的遺傳歷史影響現代人類生活的重要面向，大概沒有比這更清楚的例子了。難怪男性的心臟病有時被稱為「原始人診斷」（Flintstone diagnosis）。

我們終於來到這本書的三分之一。中年已經有了它的發展脈胳。中年不再只是人類惱人的老生常談，而是成為人類生命藍圖的獨特特徵，是經過數百萬年天擇的結果，這樣的形態有時或許顯得怪異，但我們現在至少能解釋了。

不過，我該怎麼對中年經常遇到的肥胖抱持正面態度呢？這麼說吧，現在我們知道，就連中年的肥胖也是「天擇帶給我們的」，就像脂肪堆積的其他四個階段一樣。由於人類歷史上許多時期的生活困難，不再生育的中年人類需要驚人的節約能力。我們的代謝極度有效率，我們不該只擔心這樣的代謝會讓我們在吃太多時快速增重，也該驚歎這偉大的奇蹟。肥胖是個問題，但誰都知道，飲食減量、改變飲食，就能控制肥胖問題。而事實仍然不可動搖——我們儲存、運用脂肪的能力驅動了大部分的人類演化——所有的嬰兒、頭腦和狂熱的活動。

而且，中年人是其中最節約的一員。他們體重增加，是因為利用能量太有效率。隨著生殖行為減少，人類會自我調整，減少消耗的能量。我們不確定這是為了有利於自己的生存，還是為了把珍貴的食物讓給後代，不過這的確是中年人食物需求那麼少的原因。中年的脂質代謝是人類存活的終極手段，只是很可惜，這手段無法處理我們現代食物不自然過剩的情形——「易致肥胖」的環境。從前脂肪為我們省下那麼多時間，我們實在無法接受現在脂肪恐怕會害死我們。

第二部

這麼多年了，依舊瘋狂：中年頭腦的勝利

令他驚訝的是，人們似乎耗盡了自己的存在，耗盡了他們之所以成為自己的實質，讓自己枯竭，變成他們從前覺得可悲的那種人。

——美國作家菲利普．羅斯（Philip Roth），《美國牧歌》（*American Pastoral*），一九九七年

第七章　巔峰已過，或是人生的全盛期？

中年人擔心自己的腦子。他們聽說住在已開發國家的現代人，在過世時有三分之一會罹患失智症，他們緊張兮兮地等著失智症的跡象出現。他們看著自己的身體改變，也感覺到了（在他們看來，是在衰退），他們擔心頭腦也會發生同樣的事。他們相信自己的腦子在幾年裡就會變成唯一「有價值的資產」，一想到頭腦也將退化，就覺得驚恐。然而，或許他們不該那麼擔心未來，而是該多花點時間享受現在。中年的頭腦的確在改變，不過未必是每況愈下。其實中年人類頭腦的演化過程很成功。

頭腦當然重要，畢竟它是人類成功的關鍵，所以獨占了這本書中間的三分之一。不過，人類有件事很特別——他們生來對任何事都沒那麼在行。他們不強壯、不敏捷，也不堅韌，生下來時也沒有狩獵、採集、說話或做事的本能。他們和大部分的動物不一樣，出生在這個世界上時，預先的設定非常少，身上的「軟體」很少。不過他們擁有神奇的「硬體」可以彌補這個缺點。人類的頭腦大小，比我們這種體型的其他動物運作所需要的頭腦大多了，即使靈長類的頭腦也沒這麼大。看起來只要給予足夠的時間，人腦幾乎什麼都學得會。人腦的學習一部分是靠練習，一部分是靠其他更有經驗的人類教導。不過我們可能要花幾十年才能學會做一些事——我們已經知道，學習打獵需要超過二十五年的時間——能學會很多事、但只能緩慢學習的這種能力，或許是人類活這麼長的一個原因。雖然需要花這麼多時間學習，但人類頭腦的可塑性、容量和求知慾，讓我們從一個適應不良的虛弱物種，變成地球上最強的生物。

擁有像我們這樣的頭腦，需要許多資源。跟其他同等大小的器官相比，頭腦需要大量的能量，而且人類的腦部也格外地重。我們之後會看到，人類生命藍圖有個獨特的特徵，我們進入中年時，這個巨大而需求龐大的器官還是運作得很好。雖然所在的身體生育力下降且出現耗損的情形，頭腦仍然繼續消耗能量，維持完整的功能。換句話說，中年不常發生頭腦劇烈退化的情形。人類為何長期維持傑出的腦部功能，這點值得我們花點時間解釋。

當然，中年的頭腦的確發生一些改變，我個人清楚得很。我的正職職務內容包括替十八到二十一歲的劍橋大學獸醫系學生授課，通常是內容紮實而有互動的小組課程。許多學生比我聰明，而他們的反應都比我快，但我通常可以領先他們一、兩步，而且我知道有些六十五歲的人跟我一樣。我們這些老傢伙知道得當然比學生多，不過如果我們的思考能力開始退化，屈屈知道得多還是不夠。對我來說，我們可以領先似乎不是靠著想得比較多、比較努力，當然也不是靠著想得比較快，而是思考的方式不同。我日復一日體認到，我頭腦的思考方式跟二十年前不一樣。這可能是為了彌補哪些失去的功能，也可能只是進步了（我們之後會探討），不過我相信，所有人的思考方式在中年都有類似的改變。這是因為，那些改變是發育的「生命時鐘」的一部分，加諸在我們身上，而生命時鐘在四十到六十歲間仍然不斷滴答往前走。

所以，到了中年時，是已經過了我們的巔峰，還是正在人生的巔峰？我們的頭腦正在發育，或是正在衰退？為什麼有些人的頭腦逐漸變得遠遠比其他人好，造成老年那麼多不公平的情況？我們之後會看到，人腦正是中年太有趣的一個絕佳例子——人腦代表了人類千年來面臨的所有代價、平衡和妥協。我們努力保持思考的能力，但想達成這個目標，就得完全改變我們思考的方式。此外，中年的頭腦有趣，也是因為它很微妙低調。我們在中年時不會明顯得變聰明或變笨，而是為了達到同樣的智能目標而去改變心智方法。我覺得，中年的認知行為直到最近才有較多人研究，就是因為它的微妙難察。與兒童、青少年和老年腦部激烈的變化比起來，中年乍看之下是一個不活躍的靜止階段。但我們接著就會發現，事情並不是這樣。

我們先從感官來看。進入中年頭腦的所有資訊都來自感官，這是把資訊輸入頭腦的唯一方式。感官是切入的好地方，因為感官本身比頭腦的其他面向容易研究——只要讓人曝露在刺激之中，問他們感覺到什麼，或是觀察他們怎麼反應就好。除此之外，整個人腦的成像圖直接反映了頭腦接受到的感官資訊。物理學的定理顯示，動物得到資訊的來源少得驚人，只有光線、化學物質和動作（包括聲音振動）。在演化的過程中，人類其實似乎少了一些感官，如鴨嘴獸會用電覺（electroreception）覓食，鴿子利用磁場感應找到回家的路，不過這些能力在人類身上並不發達，或是完全缺無。所以，人類的頭腦只建構在幾種關鍵感官上，不幸的是，證據顯示，中年時這少數幾種感官輸入會比年輕時弱。

人類是現存的哺乳類中視力最強的動物，這是因為古代人類的生活主要在白天活動，需要觀察水果、獵取獵物，所以我們最容易注意到的是視覺衰退。我最早是在四十歲時注意到我看不清楚近的東西。某天，我費力地在電腦後面東看西看，想插上一個接頭的時候，突然意識到這件事。突然出現的遠視眼非常不像緩慢的衰退過程，反而像「必然」發生的事，不知怎麼的，注定或是設定在短暫的時間裡發生。這叫「老花眼」，而這現象的確包含了所有「控制下的發育過程」都具備的特徵：在三十五歲時很少見，但五十歲時人人有。這狀況來得如此突然，是促使我動筆寫這本書的刺激之一。

我們眼睛的協調力（也就是，改變眼睛的焦距，好看見近處和遠處的物體）在八歲時到達巔峰。我的八歲女兒常常熱切地把圖畫塞到我面前，然後困惑地看著我為了看出她畫什麼，而把畫推到一隻手臂遠的距離。眼球中央飄著水晶體，我們會藉由改變水晶體的形狀來發揮「調視作用」（accommodation）。不過，水晶體是由透明活細胞構成的複雜球狀，會隨著時間逐漸改變。水晶體和人工的透鏡不一樣，水晶體折射光線的程度會隨著水晶體的厚度而改變。水晶體中央的光線偏折得最厲害，中年時，這裡的水晶狀蛋白會退化，凝結在一起，失去彈性。不論之前的視力是好是壞，都會發生這些改變。高溫會加速這種蛋白退化的症狀，熱帶國家的人老花眼發生得比較早，或許就是這個原因。水晶體的核心不再柔軟，不能像以前一樣輕易變形，這種僵硬的現象會逐漸向外擴散，影響水晶體的外圍。加上把水晶體懸吊在眼睛裡的纖維（稱為「睫狀小帶」）的排列改變，使得大家得把要讀的東西愈拿愈遠，遠到超過手臂的長度時，就需要老花眼鏡了。

聽力的表現也沒好多少，雖然六十五歲的時候，只有三五%的人明顯出現聽力衰退，但我們從小時候開始，就在慢慢失去聽見高頻聲音的能力。因此嚴格來說，這種「老年性聽損」（presbycusis）並不單單是中年的特性，雖然在中年，耳朵的許多方面確實發生了一些變化。最重要的改變或許是，內耳中對聲音敏感的絨毛細胞（或是耳蝸）會衰退，但是鼓膜和耳蝸神經也會退化，腦中處理聲音的區域也一樣。雖然中年的聽力難免退化一點，但有些辦法可以減少退化，例如小心控制糖尿病、高血壓和動脈粥狀硬化，並且避免噪音，所以爸媽批評青少年去夜店和使用耳機，或許的確有道理。還有，人們已知吸菸會減少流到耳部的血量，造成其他對聽力有不良影響的疾病，因此會損害中年的聽力。此外，雖然目前還不大清楚原因，但社會經濟地位低的人，即使扣掉工作中的噪音等等因素，聽力仍然較容易受損。

我不確定是否真的有「老年性嗅覺失靈」（presbyosmia）這種說法，不過在中年失去嗅覺卻是確實存在的現象，雖然人意識到嗅覺的程度不如其他感官——人類負責嗅覺的腦部區域比狗、鯉魚的小，甚至比恐龍的小。嗅覺能力很難量化，但即使五十歲之前還正常，五十歲以後也幾乎確定會衰退。舉例來說，研究顯示，與較年輕的成人比起來，中年人的頭腦對嗅覺刺激的反應比較差。我們雖然不常想到氣味，但嗅覺在生活的許多方面都極度重要，嗅覺能力衰退可能造成憂鬱、失去性慾、厭食症和不小心吃下腐壞的食物。還有，我們舌頭嚐出化學物質的能力也會退化（這叫「老年性味覺喪失」〔presbygeusia〕？）女性的味蕾從四十多歲時開始減少，男性的退化則不知為什麼延後十年才開始。

乍看之下，這種感官能力退化的情形似乎令人憂心。人們很容易覺得，送進腦部的少數資訊來源退化，可能嚴重影響腦功能，甚至影響腦部繼續運作的意願。我確實看得出老年人可能會這樣，但對中年人來說，除了輕微的不方便，有很多人在中年因為感官退化而真的有困擾嗎？波爾多紅酒和巴哈在四十年歲月之後會綻放醇香，仍然美麗吧？

我認為有三個原因可以解釋，為什麼天擇讓我們的感官在中年退化，以及為什麼我們通常不會注意到這些退化。首先，我們的頭腦不會乖乖檢查每一筆輸入的資訊。感官資訊數目驚人（背景中的嘶嘶聲，磨擦過的草葉、自己身體的氣味），根本還沒進入意識中，就被視為無關緊要而遭到淘汰了。之後進入意識中的資訊，其實很少告訴我們跟外界有關的有用訊息，所以大部分都一下就被腦袋遺忘。我們的頭腦是個成功的資訊篩子，因此失去部分的感官其實不會造成太大的問題。我們不會注意到中年感官喪失的第二個原因是，我們的感官其實過度精細。我們的鼻子可以分辨出差異只有一個原子的不同化學物質；我們的眼睛能偵測出不到十個光子閃過；我們的耳朵可以感應到比原子半徑還小的震動。聽起來很神奇，但是到四十歲的時候，真的還需要這樣嗎？其實這又牽涉到中年感官會退化的第三個原因——我們偶爾的確需要那麼驚人的精準度，但我們是群居生活，因此附近會有年輕人能提供這種能力。狩獵採集者常常組成有各種年齡層的團體，何況年輕人雖然常常最先聽見獵物的腳步聲，但這並不影響中年人協調實際狩獵行動的能力。同樣的道理，為了讓狩獵採集者不用開口問女兒水果上有沒有淡淡的褪色，而維持人類感官的驚人敏感度，真的有必要嗎？讓年輕人來當我們的眼睛和耳朵吧！中年人仍然是群體中的首腦。

研究發生在中年腦部本身的改變，當然更有挑戰。頭腦有許多不同的思考方式，若要以客觀的角度來評估，需要心理學家多年來發明的一連串認知測驗。另外，科學家喜歡爭論，這些測驗是否對某些人有偏見，這些測驗是否真的測得出它們號稱能測出的事，我們是否真的在測試我們真正要知道的事。不過，至少可以確定一件事：人類的思考能力無法靠單一測試去了解，所以了解中年認知的合理辦法是，把中年的認知劃分成連貫的細部。

測試認知的不同面向後，得到不同的結果。有些試驗顯示，認知的巔峰大約在二十歲左右，之後就逐漸衰退。不過這些試驗主要針對的是思考速度——迅速辨認物體的能力、迅速做出判斷的能力，以及在嚴格的時間限制下做各種事的能力。較年輕的成人因應時間壓力的方法是，迅速思考並得到答案；而中年人比較難做到這一點。

不過，速度相關的認知能力明顯下降這點，卻和我們所知中年人對人類生活的諸多貢獻互相衝突。我們之前說過，他們不只是坐定不動的文化資訊寶庫，也會格外活躍而有效地貢獻資源給所屬的社會群體。他們在平原上狩獵和採集的效率，大概勝過年輕的同伴，在城市中則更懂得賺錢、有更強的政治勢力。但是我們卻發現他們思考得比較慢，這兩種情況怎麼說得通？

絕對的速度未必是認知能力的重要部分，其實只要能認同這個論點，那麼這些矛盾的發現就說得通了。這是心理學家爭論已久的問題，但許多人現在認為，速度常常不是關鍵。我們也看到了，許多現代的狩獵採集社群可以運用的時間很多，他們非常喜歡長時間的思考、背誦和辯論。狩獵的最後時刻的確需要一點迅速的思考，不過我想，在那種情況下，三十年的經驗可能比迅速思考的頭腦更有用。

這麼一來，中年人在各類的認知測試（包括語言能力、空間知覺、數學能力、推理能力和計畫能力）都有更為優異的表現，或許就不意外了。如果將測驗的表現和成年人年紀畫成關係圖，許多能力都會畫出一道低圓的丘狀——從二十多歲開始增加，在中年達到平坦寬廣的頂峰，之後開始下滑，最初緩慢然後逐漸加速。其中當然有些變異，數學能力比較早（大約在四十歲）到達巔峰，而語言測驗的高峰常常比較晚，大約在六十歲。神奇的是，統計顯示，許多能力直到六十五歲之後才有顯著的下降。

認知能力呈現低圓的丘狀，是個重要的發現。我確信很多人在中年時會擔心自己的認知能力，而他們可能會由三種不同的角度來看上述的結果。

第一種反應，我稱為「巔峰喜悅」，我止是屬於這種。雖然這和一般的看法矛盾，但或許我們該慶幸，中年人許多方面都在智能的巔峰，而且這段時間很一致地分布在四十到六十歲。這完全不是「過了巔峰」，而是在陽光下、在寬闊的山頂上奢侈地享受。有些先前對中年認知的研究，把焦點放在中年人有時以出人意料的方式解決問題的相關報告（而且時常沒有確實根據），這些解決辦法被研究人員視為，中年人試圖避開認知退化的情急之舉，實際上認知退化應該已經發生。然而，我們有了比較近期的研究結果，這些結果很明確：比起其他人，中年人常常想得「更周到」。換句話說，忘了你的魚尾紋，享受一下這個事實：中年人類的頭腦是目前已知的宇宙裡，最強大、最有可塑性的思考機器。

理解中年認知的第二個角度，我稱之為「危機臨頭」。站在山頂的時候，畢竟只能走下坡了。人類非常善於思考未來的事，我們或許是唯一完全了解老化和死亡有什麼意義的生物，即使在中年認知勝利的時刻，我們也想到即將面臨的下坡。而且智力開始衰退時，會有第一波片斷而微不足道的跡象，中年人的狀況使他們最容易察覺這些跡象。例如，因為他們老是在媒體上聽到失智的事，或是太用心照顧年邁的父母，所以對記憶這回事變得大驚小怪，其實短期記憶大概至少要到五十歲才會開始衰退。長期記憶的表現似乎更好，常常能毫髮無傷地維持到中年之後，而且真正發生的任何「年老時刻」，通常是因為一時想不起某段記憶，而不是真正完全忘了那段記憶。辛勤的中年頭腦有各種應接不暇的責任，所以才比較會注意這種事。所以，雖然大家都擔心記憶，記憶卻是頭腦非常穩定的一個元素，如果中年人注定扮演在世代間傳遞人類文化的角色，這樣當然說得通了。

對於認知之丘低矮寬闊的第三個可能反應，或許可以稱為「虛假的平坦區域」假設。中年時，我們認知能力的淨總合逐漸增加，達到幾乎無法察覺的最大值，然後以同樣緩慢的速度下滑。比這更劇烈的事不會發生，隨著日復一日、年復一年的時間尺度繼續過去，感覺起來非常像停滯狀態。就像我之前說的，中年認知能力的總合相對而言幾乎不變，使得這一段的人生對研究者毫無吸引力可言。然而，正如我們接下來將會看到的，我們的認知能力總合雖然沒什麼改變，並不代表我們思考的方式不會變。

過去十年左右，有個科技進展完全改變了我們研究中年頭腦的方式，就是核磁共振造影（Magnetic Resonance Imaging, MRI）。核磁共振背後的原理太不可思議，誰也想不到這樣行得通。核磁共振儀有個巨大的磁鐵，磁力強到可以讓你腦袋裡所有質子（主要是氫的質子）旋轉、排列，還有個無線電發射器會破壞這些質子的排列。（我做過核磁共振掃描，結果很失望，我完全感覺不到身體裡任何質子什麼鬼的事。）然後你腦袋裡的質子會在磁鐵的影響下瞬間恢復原來的排列，並在過程中發出自己的無線電訊號，機器感應之後，會把這些訊號轉換成立體的腦內影像。相信我，這樣真的可行。

我們現在可以藉著ＭＲＩ，研究活人沒受損的腦部的結構和活動，要追蹤人腦一生中的變化，這當然是個非常強而有力的方式。可惜ＭＲＩ發明至今還不夠久，沒能掃瞄一個人從三十歲到七十歲的變化過程，所以我們的中年資料是比對不同年齡群組的人。這種方式的效果不如追蹤個人在不同年齡的表現，但我們還得再等幾十年才會有那些數據。

雖然有這些限制，但研究已經能確定中年的腦內發生不少結構的變化。首先來看灰質，它是一層緊密糾纏的神經細胞體和互相連結的短小纖維，大多位在兩個巨大的腦半球皺褶的表面層。二十到八十歲之間，灰質的體積似乎會持續減少四分之一。聽起來好像很多，但我們應當小心解讀這個發現。首先，中年時期灰質體積減少的速度沒有加快，也沒有變慢，所以這其實是成年之後普遍的現象，而不是中年特有的現象。此外，減少四分之一的灰質聽起來像是嚴重損失，其實不然，尤其是灰質體積減少未必是壞事。舉例來說，青春期時頭腦明顯地適應大部分的認知工作，這時灰質體積會急劇下降，而成人的灰質體積下降恐怕不過是這個減少過程的延續。其實，有效率地截除神經細胞之間不需要或沒在用的連結，就常常使灰質體積減少。

跟其他中年時期發生改變的諸多要素一樣，灰質的損耗看來比較像有組織、有結構的過程，而不是偶然的衰退。舉例來說，灰質喪失會在不同時候發生在不同區域，不過所有人的模式似乎一致。此外，腦部前額葉負責的是我們認為比較高級的「執行類」功能——計畫、抽象、複雜的智力工作，而有些研究顯示，這部分相對之下比較早失去灰質。

新的影像技術讓我們得以記錄健康人腦不同區域的活動，因此能辨識出腦部功能的變化，這些變化或許和上述腦部結構的變化有關。這些研究常常要求受試者進行一連串的認知測驗，如測試記憶、再認能力、命名、選擇等等，我們認為這些測驗能評估小小的心智元件，而人類的知覺能力和智能正是由這些元件組合而成。無疑的，這些測驗顯示，特定的工作是在腦皮質的特定區域進行，但這些測驗也顯示了隨著年紀變大，我們使用的區域會改變。例如，前額葉皮質區表現不一：比較後方的區域（背外側前額葉皮質〔dorsolateral prefrontal cortex〕）相對之下不受影響，而靠前方的區域（眼眶額葉皮質

〔orbitofrontal cortex〕）比較早失去體積，也比較常被阿茲海默症（Alzheimer's disease）的蛋白堆積。有些研究的確顯示，執行某些心理測驗的能力（需要用到眼眶額葉皮質〔orbitofrontal cortex〕），會比「背外側」前額葉的能力更早退化。所以，灰質減少雖然是所有成年人都會遇到的正常現象，但有些跡象仍然顯示，這現象有時和認知能力退化有關。不過，我們目前還不知道健康的中年人是否如此。

皺褶灰質層下方有個厚厚的區域，是由交纏的神經纖維束組成，這些神經纖維束會連結灰質裡所在區域相隔很遠的神經細胞。這個較深的區域稱為「白質」，也吸引了中年腦部造影研究的大量關注。大腦白質的連結很重要，因為灰質神經細胞的作用要取決於它和其他細胞的連結，就像獨立的電晶體不能靠自己發揮什麼作用。頭腦這麼神奇，不是因為擁有許多神經細胞，而是因為這些細胞互相連結的方式。

大腦白質的總體積似乎在中年達到巔峰，大概直到六十歲以後才會有明顯下降的情形。這當然符合許多認知能力也在中年表現最佳的證據。不過，這模式也不單純，因為在不同的腦部區域，白質增減的狀況並不一致。例如，有些區域的白質在中年持續減少，和整體的趨勢恰恰相反。另外，有些比較近期的研究主張，應量測大腦白質的結構狀況和完整性，而不只是粗略體積，這些研究顯示，有些區域的白質結構在中年早期（甚至更早）

可能最理想。而腦部不同區域的白質完整性有差異，或許可以解釋為什麼早在其他能力退化之前，中年人就失去迅速思考或在不同心智活動之間快速轉換的能力。

針對腦中特定路徑的研究，也讓我們了解到中年的腦中可能發生什麼事。要知道，會對多巴胺（dopamine）出現反應的腦蛋白（多巴胺受體）的數量，會隨著我們變老而下降，而各種多巴胺受體的比例也會改變，這或許是因為多巴胺本身的量也減少了。這個變化可能極為重要，因為腦部深層結構分泌多巴胺到前額葉皮質區，一向被認為是促進認知速度、短期記憶、多工、把有用的記憶留在「唾手可得之處」的關鍵。人們認為，多巴胺送到皮質的量增加，促進了青少年心智能力的劇烈發展。雖然反過來說，多巴胺下降似乎不會造成中年人任何劇烈的認知衰退，但人腦的確可能需要做些改變來適應這個情況。

造影研究最能清楚證明頭腦的確會這麼做——中年時期會改變思考的方法。雖然我們可以比較中年和青年人在認知測試的表現，但只有仔細觀察實際在運作的頭腦內部，才能發現，這兩個不同的年齡族群，可能利用完全不同的腦部運作程序來完成這些工作。心智的目標相同，但頭腦採用的方式不一樣。

比方說，在許多心理測驗的過程中，中年人前額葉皮質區的活動大於青年人。有些人主張，這是慌張的頭腦急著補償自己衰退的能力，但我認為這只是隨著頭腦變得更成熟，會改變做事時使用的迴路，所以有時甚至表現得比從前更好。除了更加活躍，中年的皮質似乎不太會讓某些工作集中於某個腦半球處理。青年進行認知、回憶或數列演算的工作時，偏好使用右腦或左腦的情況很明顯，但中年人沒那麼顯著。更深入研究皮質的細節後，我們現在可以靠著腦部造影，前所未有地詳細理解我們利用皮質子區域的方式，如何隨著年紀漸長而改變。

因此，腦部造影證實了測試認知能力的研究者長久以來的懷疑——中年頭腦處理事情的方式和青年頭腦有本質上的差異，而且常常因此表現得比較好。我得承認，要把基礎腦部活動和我們所在複雜世界中的認知表現連結在一起，必須非常謹慎，但MRI螢幕上的顯影和周圍人們的表現，看來的確驚人地吻合。

所以，中年的頭腦的確是個勝利。雖然進入頭腦的感官資訊變得比較不完全，而內部的運作速度不如從前，但這似乎不是什麼大問題。簡單地說，中年的頭腦處於認知能力的巔峰，而你用「巔峰喜悅」、「危機臨頭」或「虛假的平坦區域」之中哪個觀點看待這樣的成就，取決你是樂觀或悲觀的人。不過我們至少可以確定，由遺傳控制發育而形成的「生命時鐘」仍然在中年的頭腦中滴答走，驅使我們的思考過程劇烈重組，促使頭腦發展出四、五十歲仍然適用的新方式。接下來的幾章裡，我們會看到這對我們個人有什麼意義。

中年是認知表現優越的時期，說來有道理。頭腦讓中年成為人類生產力最旺盛的時候，同時也是我們最能把文化傳承給別人的時候。想想我們遠古祖先那些效率驚人的狩獵、採集和文化傳播，再和現代中年人在經濟與政治世界稱霸的情形做比較。時代或許不同，但優勢一樣，中年的頭腦就是主因。

第八章　為什麼年紀愈大，時間過得愈快？

我四十歲開始寫這本書，接著，天啊，時間一個月一個月飛也似地過去了！

中年人經常思考一件事：時間。當然，小孩對時間的抽象概念很有興趣，喜歡討論一天天、一週週、一季季怎麼慢吞吞地流逝。年輕人繼續在每天有限的時間裡應付、協調他們得做的所有事情。然而，中年時，我們和時間的關係有了新的風味，有了新的急迫性，我們退到一旁，看著寶貴的時間如何飛逝，然後開始深切地納悶我們到底還剩下多少時間。雖然大部分的人還可以好好活上幾十年，但這不表示我們忘得了時間的問題，反而讓時間顯得更珍貴。中年人注定不會立刻死去，但我們比年輕時更深刻地體認到未來不可預料。

隨著年紀漸增，時間似乎過得更快，像在嘲弄我們似的。時間這種主觀流逝的特性，讓中年的情況糟糕許多。一週週就在不經意間過去，一年年流逝的速度無情地加快。我寫下這段文字的時候，真的是五月嗎？聖誕節感覺不過是上星期的事。還有，為什麼每年秋天一到，我的小女兒都一副很驚奇的樣子，好像她不大記得上個秋天，上個秋天已經深埋她的記憶裡了？在我七十多歲的年輕歲月，我真的也不假思索地虛度光陰嗎？

時間加速的現象似乎非常普遍，世界各地的人都悲嘆時間的流逝，甚至在古代的文字裡也提過。我問我的大學學生，他們一致同意，時間不像小時候那樣慢吞吞地過去，不過十八到二十歲的人不常覺得自己的時間被誆了。相較之下，來到四、五十歲的時候，每年愈來愈短的感覺開始令人不安，甚至覺得不公平或恐懼。那麼為什麼我們愈老，時間過得愈快呢？

回答這個問題之前，我恐怕應該先承認，誰也不確定為什麼時間會愈走愈快。主觀時間的研究老是繞到哲學、歷史和科學上頭，感覺像是道聽塗說、難以捉摸，甚至很棘手。不過有些思想家想過這個問題，偶爾投注了實驗性的敏銳觀點，所以我在此提出也許能解釋此現象的六個理論。

理論一：加速的是這個世界，不是你

有人認為經歷的時間隨著年齡加速，是因為外在的世界和文化活動發生的速度更快了。我們習慣認為，一萬兩千年前的生活規律固定（正不正確是另一回事），農業發展前的每一個世代都承襲自前一代，繼續用同樣的方式生活下去。或許從前人類的生活方式只會隨著環境失衡或變動而緩慢改變，活不到一百年的人其實無法察覺那樣的改變。之後，隨著農業出現，人類生活改變的速度變快了，短短幾千年之內出現了聚落、財產、文字和帝國。從此，文化和科技的創新逐漸加速累積，造就今日的我們——姑且稱之為進步吧。而這過程的確加速了，過去十年內，科學以前所未有的速度發展；我們藉著科技達成一些從前會被當作心電感應的通訊方式；「主義」曾經接連出現在藝術創作的早期歷史中，但現在藝術與文學的世界變動得太快，即使可觀的作品也很少能被歸為任何「主義」。

的確，人類生活改變的速度呈指數增加；不過中年人和今日文化之間日益增大的斷層，真的足以解釋主觀的時間加速嗎？我覺得未必。首先，沒什麼證據能證明隨著人類文化加速改變，這種現象變得更明顯——古希臘人對這種現象的感覺和我們一樣強烈，不過當然，會寫這類東西的古希臘人可能比大部分的人對加速的「智能進步」更敏感。話說回來，我學生的年紀完全能跟上當代文化和科技，而他們也體驗到主觀時間加速的情形，因此在我看來，這背後的因素和文化無關。文化的改變也許使得時間加速對中年人的主觀衝擊稍稍惡化，但不大可能是主要的成因。

理論二：這完全關係到我們覺得有多少時間過去了

至少在十九世紀末之後，思想家就試圖計算時間隨年齡而加快的實際速度。有個論點是，對個人來說，我們感覺時間流逝的速度，和我們開始長期記得事物之後經過的時間呈比例——也就是大約三歲開始。換句話說，累積的記憶愈多，時間飛逝得愈快。這不大算是時間加快的原因，倒比較像觀察的心得。這想法看似不錯，卻有個問題。首先，這表示我們第一個記憶形成的那一刻，時間流逝的速度應該極慢無比（因為沒有記憶，所以時間無法流逝），我可不確定所有三歲小孩都在時間凍結的一刻有過永恆神祕的體會。第二，我確信早在成年還記得的第一個兒時記憶之前，兒童就擁有許多其他的記憶，只是那些記憶沒留下來。在這種計算方式中，那些記憶算數嗎？

從這個理論加以延伸，可以說我們感覺到的時間流逝速度，會和幼年之後流逝的主觀時間總合（而不是實際的時間總合）成比例。我得承認這想法容易令人混淆，看到這裡，或許可以停下來想想：這表示比起一年的「成人時光」，一年的「童年時光」對之後時間加速流逝的影響更大，因為「童年時光」感覺維持得比較久。這理論也許顯得錯綜複雜又紊亂（主觀時間的速度依據的是先前主觀時間的總合），不過數學家有辦法處理這種事，而且有個公式可以計算任何實足年齡的主觀時間速度。

不過，我們可以由一個理論推導出數學公式，不表示這個理論正確。這個數學模式並沒有告訴我們，為什麼時間流逝的快慢感覺會和我們累積的經驗有關——不論是客觀、主觀還是其他情況。它頂多是試圖描述一個現象，而不是加以解釋，而且似乎也沒有描述得很好。有些研究用問卷調查過去的事件感覺是多久以前的事，研究的結果雖然很符合這個理論，不過另外有些研究針對的是過去的時間間隔給人的感受，那類的研究就不那麼符合這個理論了。

理論三：我們扭曲時間，以免擔心個不停

這個理論說明的是我們如何操縱自己對時間的感知，以此來改善心理健康，或是反過來屈服於死亡逼近的焦慮。

人到中年時，常常覺得我們來到人生的十字路口，這個人生階段的特徵之一就是，它真的是中間點。我們四十歲了，發現自己的人生大概過了一半（或是三分之一，這是我在四十歲生日時過度樂觀的聲明）。不論我對中年的態度多麼正向，我也不能忽略，四十歲以上的人終究比他們出生時更接近死亡。難道因為這樣突然意識到「剩下的時間」，時間

才顯得更寶貴嗎？我們明白這件事之後驚慌的反應，是更關注、恐懼地看著寶貴的一年年過去，所以才產生主觀速度嗎？

其實，研究已經證實可以量測人對死亡的感覺。有個熱門的辦法，是讓志願者看一條直線，告訴他們，線的左手邊代表他們出生的時候，右手邊是死亡的時候。接著要他們在線上標示出自己覺得目前所在的位置。接著，用人壽保險公司使用的那類資訊，來計算右手邊預期中的「死亡點」，就會得到有趣的結果。比方說，女性做這個測試的準確程度比男性高，男性通常覺得自己離死亡比實際更遙遠。此外，兩性的年紀變大時，會開始認為我們和死亡的距離比實際遙遠。其他研究甚至顯示，人會主動調整自己對生命的認知，以免過度擔心死亡。我們似乎把負面的記憶推向遙遠的過去，預期中的負面事件則推向比實際上更遙遠的未來。

那麼，時間會加快，是不是因為我們主動調整了人生的感知時間架構？這理論有個大問題：這樣並不符合人表達出來的感覺。有些人比一般人更擔心死亡，但他們對死亡的焦慮和覺得時間加速的程度，似乎沒有相關。

人都怕死；時間會加快。但這兩個過程似乎互相獨立。死亡焦慮可能讓時間加快的感覺更嚇人，但並不是時間加快的原因。

理論四：我們的記憶扭曲了，因此扭曲了時間

我們都知道記憶會騙人；如果記憶是我們感應時間的重要依據，那麼這是否能解釋為什麼時間也會騙人呢？

我們大多比較記得最近的事件，久遠一點的事則記得沒那麼清楚。我們天生比較記得剛剛發生的事，比較清楚事情發生的順序，以及那些事和其他近期事件的關聯。所以，我們對過去一、兩年有個清楚的時間架構，這段期間內發生的事一切都彼此吻合。但只要回憶那之前的事，事件就逐漸變得片斷、不連貫。我們雖然記得那些事，但常常必須藉助技巧和輔助記憶，來釐清事件發生的先後次序。例如，我用重要的基準點（像是孩子出生、搬家），校正五到二十年以前小事件的相對時間。那些小事件的記憶雖然栩栩如生，但我不記得那些事發生的確切時間順序。

據說這種喪失時間感的情況會造成一種錯覺，讓人覺得時間流逝的速度變快了。最近的時間明顯比較井然有序，但這個理論認為，這種連貫性會讓人覺得時間過得比較快。最近的時間主觀地「壓縮」成比較短的時間範圍，只是因為井然有序、結構清楚而且還新鮮嗎？相反地，比較久以前的時間結構混亂，頭腦會解讀成那段時間比較漫長嗎？

不過，人生可能比這還複雜，因為我們對過去事件的時間感似乎會隨著年紀而改變。這種情形在主觀回憶外在、世界性的事件時最明顯了。如果要中年人快速估計一個事件發生在多久以前，他們會一致低估經過的時間。當然了，他們拿重大的人生事件當作對照基準之後，會彌補這個錯誤，計算得比較精確，而且，他們常常被自己先前的估計錯得那麼離譜而嚇到。以我自己為例，我常常很驚訝自己聽的音樂是超過二十年前錄音的；我總覺得那些音樂聽起來很耳熟，都是當代的音樂。（也許就是這樣，所以我目前還會把「老」流行樂和「新」流行樂的分界設在一九七五年左右，也就是我六歲的時候。）相較之下，老年人恰恰相反，他們把外界的事件放到太久遠的過去，彷彿想把這些事放到某個早已忘卻的年輕浪漫故事中。或許中年人沒那麼急於區隔自己和那樣的故事。

不管你覺得這個理論如何，我們會操縱記憶、那些記憶也會操縱我們，這點是有道理的；如果要定義我們感受到的人生過程，記憶是我們主要的依據。

理論五：新鮮事比較少

時間加快的第五個理論和新鮮感有關。大家都有這種經驗，第一次做某件事情，感覺比多做幾次時漫長。在新學校或新工作的第一天，甚至假期的第一天，時間似乎都過得慢吞吞。還有，個人事件那種印象深刻、嚇人的新鮮感，可能把時間拉得更長，常有人說他們身陷險境的時候，幾分之一秒的時間會主觀而誇張地延長。

新鮮感造成的時間擴張是個常有人描述的現象，可以在實驗室的環境中研究。請受試者估計自己接觸一連串刺激的時間，結果顯示，新刺激和重複刺激或不明顯的刺激比起來，持續的時間感覺更久。其實，只要是一連串有點重複的刺激，頭一個刺激似乎就足夠造成主觀時間延長。當然，我們的頭腦為什麼會演化成如此運作，並不難理解。比起熟悉的刺激，陌生的新刺激需要多加思索考量，所以頭腦給這些刺激更多主觀時間也合理。相對之下，預料中的平凡刺激可以幾乎不加留意，整批放行。

我們年輕時，事事新奇。你還小的時候，許許多多的事情都是第一次經驗。即使不是全新的體驗，你也還在專心發明新的應對方式。所以有人認為時間隨我們長大而加快，是因為我們比較少遇到新事物——中年的世界很好預測，而我們頭腦的反應方式讓我們加快經過這個世界的速度。早年的生命因為新挑戰而延長擴展，中年的生命卻因缺乏新經驗而在眼前壓縮。

那麼，為什麼新鮮感會影響我們對時間流逝的主觀感知呢？或許完全是記憶的關係。或許中年需要儲存的記憶比較少，我們的頭腦認為發生的事變少了，也就是流逝的時間沒那麼多。或者，也可能新鮮感和頭腦內部時間感知的連結非常直接。或許時間感其實取決於外界的新鮮感，是新經驗讓我們感覺時間有流逝。

然而，這些以新鮮感為根據的理論有些麻煩。例如，很多人說，童年和青春期的經驗，比之後人生的經驗更栩栩如生、更漫長。但這兩個年齡族群（尤其是青少年）常常抱怨無聊。我們都知道無聊或在等待的時候，時間慢得不可思議，但是主張青少年時期的人生因為既新奇又無聊，所以流逝緩慢，這樣說不通。新鮮感和無聊應當是相反的概念吧？何況無聊對主觀時間的影響很矛盾：一星期的無聊時間慢到令人痛苦，但回想的時候因為沒什麼事發生，似乎又消失在記憶中。

另一個重要的因素可能是享受；比起新鮮感，無聊的相反或許更接近享受。我們都知道，時間在享樂時飛逝，但是幾星期讓人樂在其中的忙碌日子，在記憶裡卻比那段時間前後的單調日子感覺更長。這些日子在當時雖然轉眼就流走，事後卻感覺過了很久。因此，主觀感知時間的依據似乎混合了新鮮感、無聊和有趣；還有，我們在做某件事時時間流逝的感覺，似乎未必符合在我們回顧時覺得花了多少時間。

我們進入中年時，對時間的注意力或許也會有本質上的改變。中年人的孩子長大，生涯定下來之後，他們就有比較多時間思考時間在「大」尺度上流逝的情況，可以好整以暇地擔心時間滴答走過。不過，中年的人生和年輕時比起來，比較受制於例行公事和必要的事情，所以中年人或許比較沒機會主動在「小」尺度上思考自己運用時間的狀況。因此才有中年的詛咒——驀然回首，發現時間在我們不經意時過去了？

現在的時間，過去的時間，新的、有趣的、無聊的事物。主觀時間看起來愈來愈支離破碎。人類腦袋裡真的有時鐘這樣的東西嗎？

理論六：我們擁有不少時鐘，但正確運作的不多

這個理論牽涉最多科學，關係到我們腦內時鐘的研究。

有明確的證據可以證明我們的頭腦裡有一些時鐘，其中至少有一個非常準確。頭腦的下層有個神經細胞的時鐘迴路，叫作「視叉上核」（suprachiasmatic nucleus），它以相當規律的二十四小時為間隔運作——主要就是這個時鐘，讓我們的活動和睡眠模式按照每日的循環進行。比方說，有一種突變的倉鼠，視叉上核會用到的一個基因改變了，如果牠那個改變了的基因成對，牠的活動週期就會變成二十小時。（神奇的是，如果只從雙親之一遺傳到一個突變基因，牠就會覺得一天有二十二小時。）視叉上核的時鐘準確得驚人，很多人驚奇地發現，他們可以訓練自己在早上鬧鐘響的幾秒前醒來。然而，雖然這個每日時

鐘是我們最準確的內建計時器，它派上用場的機會卻有限，畢竟有史以來，人類大多可以靠著太陽起落而知道什麼時候該起床，什麼時候該睡覺。

撇開每日時鐘不談，比一天長或短的心理時間估算，似乎比較容易犯錯，也比較神祕（這樣的時間間隔無法靠著外界的日夜支持）。至於我們怎麼估算這些時間間隔，有個理論認為，我們腦中有其他走個不停的鐘，這些鐘類似視叉上核的每日時鐘，各個都由三個部分組成：一個「滴答響的鐘擺」、鐘擺的計數器，還有記憶中過去經歷的時段，這種記憶能讓人比對計數的結果。另一個理論認為，我們沒有特定的主觀時鐘，我們的時間感比較籠統——累進計算頭腦做了多少事，或是一定時間裡接收到多少資訊。

當然了，第二個模式可以解釋為什麼我們興奮或無聊的時候，時間似乎會延伸或壓縮，不過這種模式也可能對中年的時間計算產生某些影響。比方說，我們先前知道了，中年的感官變遲鈍，而進入頭腦的資訊減少，所以這情況可能讓每天感覺沒那麼充實，因而回想起來似乎逝去得比較快嗎？我們也知道，中年身體的代謝速率會降低，所以腦部活動變慢，可能讓外面世界相較之下進行得比較快？不過，中年人睡得比年輕人少，醒著的時候比較多，的確可能抵消這兩種效果，導致每天感知、思考得比較多。

這些推測都不錯，不過如果我們試著評估不同年齡層的人怎麼量測時間，會發現什麼呢？很不幸，這個方式有個問題：原來估計時間的方式不只一種。

首先，你可以要受試者回顧及比較幾段時間間隔，並且要他們估計一段時間有多長（可能是幾秒或幾分鐘）。這類實驗的關鍵是，要等到受試者經歷了那段時間之後，才能讓他們知道自己要做什麼。在要求他們估算時間之前，必須把實驗的目的瞞著他們。雖然年紀並不是這些「回顧的時段」多麼精采或無聊的重要因素，但中年人和比較年輕的成人比起來，似乎明顯地高估過去那些時間間隔的長度。這個結果很有趣，因為這是我們第一次有明確的證據證明，中年腦袋裡的時鐘和青年腦袋的時鐘速度不同。不過這個結果其實不符合「時間隨著年紀變大而加快」的現象，因為那樣的話，中年人會覺得不久之前的事件飛逝得比較快吧？

研究人們對時間的估量，第二個方式是要他們經歷一段時間之後，立刻重現那段時間的長度——用他們的指頭敲出來。男人跟女人比起來，敲出的時間間隔容易太短，不知他們主觀地急個什麼勁。另外，年紀變大之後，敲出的時間間隔則會太長；思考這可能代表什麼意義，非常有趣。這會是我們小尺度的計時能力隨著年紀增長而衰退嗎？的確有證據證實，估計時間的能力會衰退，或許甚至在中年之前就發生了，而每個人身上退化的程度，可能會與某些腦部前額葉區域的大小變化相當。

第三個評估計時能力的方式，是要志願者「算出」時間間隔——沒收他們的手錶，然後請他們算出特定秒數的時間間隔。結果很驚人：有個研究請參與者算出十秒到三百秒的時間間隔，計時的速度明顯隨著年紀而增加。平均來說，二十歲的人估計得頗為準確，不過準確度在中年時下降，到了六十歲，會砍掉大約三〇%的時間長度。這個結果很有趣，不過顯然又違反直覺——如果中年人的內建時鐘加速了，外在的世界不是應該感覺進行得更慢，而不是更快嗎？

估計不同的時間長度，結果更令人困惑了。有個研究是讓受試者算出一秒到二十秒的時間間隔，結果顯示中年人沒有那種加速的情況。這不禁令人懷疑，計算十秒以下和十秒以上的時間間隔，可能是完全不同的處理過程。我們現在的確也有明確的證據，能證明在不同的時間尺度裡估計時間，可能會動用腦中不同的區域。如果我們針對這麼類似的時間尺度還有不同的時鐘，那我們怎麼可能由此推知出結果，而了解中年人如何主觀評估人生的月和年是怎麼過去的呢？

我之前就承認了，我們還不知道為什麼中年的時間過得比較快，但這現象仍然是人生迷人但不可言喻的一個重大部分。畢竟我們的人生發生在不斷往前且無法阻止加速的時間洪流之中。

正如我們所看到的，研究數據顯示我們會為了不同的目的，而使用不同的計時方式。估計每日、一日之內和一日以上的時間，各用到不同的時鐘；一個鐘是負責事件發生當時的時間，另一個鐘則是負責事後回顧時。這或許解釋了中年人有時對時間的感覺不一致——日子很漫長，一年年卻呼嘯而過，突然間一切似乎都是很久以前的事了。

有件事倒是很明確，除了二十四小時的視叉上核時鐘之外，不論我們研究的是哪個鐘，都看得出中年人不大擅長估計時間。對我來說，這情況的意義重大：中年人不擅長估量小尺度的時間（或許大尺度也是），是因為這在演化的過程中並不是重要的能力。自然世界充滿了可以極度精準預測日子、月亮週期、潮汐、年，甚至質數倍年的生物，但中年人卻連自己對時間的預測都不一致。也許，對早於我們、數千世代生活在營火邊的狩獵採集者而言，什麼時候該攻擊羚羊或是和有希望的伴侶打情罵俏等重要決定，用不著數出任意的一段時間長度。也因此，自然從來沒讓中年人很擅長這種事。

不過，中年的人生主觀加速的情況仍然是非常普遍的現象，這點還有待解釋。為什麼天擇揀選出的人類，在中年時會覺得人生呼嘯而過？這種惶惶不安的感覺在演化學上究竟有什麼優勢？

為了回答這些問題，我想提出一個推測。當人類還是兒童或青少年時，他們的時間是由自身發育和掙扎求生的努力組合而成的。早在一萬年前，人類在兒童和青少年階段不久之後就會成為父母，而成人的時間被專制沒彈性的育兒責任占滿。不過，人類來到中年時，持續提供食物或關愛給後代的責任不再大量占據他們的人生，而他們的時間相對之下突然屬於自己了。他們可以有深思熟慮的新選擇，改善自己、親人和家族的狀況。驅使他們做出那些選擇的是一種新的感覺——人生有限，他們未來對人類社會可能的貢獻也有限。我認為，時間加速是為了讓這些選擇有種急迫的感覺，讓我們有自覺的退開一步，思考未來的生命。不過當然了，別退開太久，因為我們還要活過許多有生產力的日子。

有些人會說，心理現象就如中年人類眼中自我生命的結構和意義一樣，非常明確而微妙，無法演化——無法被粗蠻的天擇力量雕塑。不過，接下來幾章裡，我會指出演化確實發生了。

第九章　四十歲時，心智發展「成熟」了嗎？

不久之前，許多心理學家還覺得中年人的心智沒發生多少值得一提的事。依據佛洛伊德的信條，人生的早期階段才是心智發展的關鍵，而中年被視為相對停滯的時期，頭腦在這時期沒什麼改變。「成人發育」的概念本身就有矛盾，之後的許多心理學家繼續主張，人類的性格在中年不會改變。一旦成年，人就成形、完整了——至少他們是這樣認為的。

不過，這種中年停滯的假設，其實伴隨著不安的懷疑——中年會帶來新的一批壓力、憂愁和心理疾病。許多人在接近中年時會擔心這類的事。如果像雪崩似的苦惱確實存在，或許就是因為，固定不變的心智無法處理人生新階段帶來的種種壓力。但如果我們提出兩個和人有關的基本假設——心智是人類的核心要素，而中年人類是亙古天擇的產物——我們就會得到一個令人不安的問題。演化為什麼讓中年人的心智那麼無法變通，連變老這種事都沒辦法處理呢？中年的心智固定不變，實在沒道理。

我們現在要來繼續探索中年的心智，挑戰一些常見的看法。這章裡的核心問題是，心智和性格在四、五十歲時究竟會不會改變。中年有兩個普遍的刻板印象：因為無法控制自己的生命而灰心，以及社交和政治思想愈來愈保守。我們也會探討，這兩種刻板印象究竟是改變還是停滯的結果。

佛洛伊德的思想曾經是主流，但不久之後，一些心理學家就開始對中年心智停滯的觀念提出質疑。在心理學界，一個理論有沒有名人支持關係重大，所以我一定要提一下：榮格（Karl Jung），他的性格發展觀點和佛洛依德極為不同。榮格甚至說過，人類的性格即使到四十或五十歲，也不大可能成熟。支持這種看法的人進而宣稱，即使只是粗略的算數也支持中年改變的觀點。簡單來說，中年的心智和青少年的心智比起來，多了三倍的時間可以演化得和其他性格不同，有更多時間可以避免其他人的影響和堅持，擁有自己的稟性、特質與小缺陷。此外，人類十八歲以前活在雙親家中和學校裡，而十八歲以後彼此間的生活差異大於十八歲之前，成人的人生當然更能把人類的心智引導向各種不同的方向。

中年人擁有更多時間，而且那些時間的差異更大，按理說他們應該會更獨特。許多心理學家的確主張，人類在中年的生命經驗正是如此。青年思考、計畫和期望未來的過程雖然一致，到了中年，那樣的未來卻已經成真，是實際的當下。我們之中表現得較好、處理得當的人，可以享受中年帶來的種種新挑戰，在回顧人生故事時，說出正面、積極的故事。相反地，對想法、計畫和期望實現得太少的人來說，中年成了失敗、憤怒和挫折的時刻。這不只是推測，而是精心設計的心理學研究得到的資訊。中年再一次表現得像我們人生的中心點——這是青春渴望與成熟現實衝撞的時刻，老年的泰然還沒緩和這時的省悟。

不久之前，實驗研究證實了中年並不是心理的僵局，不過我們這時也不會毫不在乎地把手上的心理卡牌拋向空中，希望卡牌落地時呈現嶄新的圖樣。我們先前的性格隨著年紀漸增，其實會逐漸改變，但不會完全改變。因此，積極而健康的人通常仍然積極而健康；消極而不健康的人仍然消極不健康。舉例來說，說來驚人，教師對兒童性格的評估，居然可以用來預測這些學童在中年時的身心健康、體重、飲酒和吸菸狀況。

然而，這種心理連續性的傾向，還要加上發生在中年世界觀的種種改變。中年人比較容易擔心未來無法控制他們的人生，雖然中年其實是許多人社會權力與經濟能力最強的時刻。另外，在中年時期，人對新狀況的反應開始變得保守，他們愈來愈努力阻止壞事發生，而不是努力提高好事發生的機率。按照多個研究的結果看來，中年人也比較確定他們的自我認同，變得更誠懇、更「和善」，似乎更渴望投入許多活動，更積極幫助年輕人。

有些變化或許是由於中年心智身處的世界改變了。孩子無情地成長，事業變遷，身體的改變也無法忽略。然而，性格轉變的情況既一致又明確（或許有人覺得老套），這些現象的精華似乎已經內建在人類的發育程序之中。沒錯，我認為，每個人遺傳的指導手冊裡都包含了某些要素，會在年紀增長時，改變我們對自己的看法。所以，沒有孩子、事業沒有變化，又湊巧體態無瑕的人，到了中年仍然會改變想法。你或許不想相信，像性格那樣複雜而由自己作主的事——那麼能代表你的事——居然會受到細胞裡那些細長小基因控制，但中年心理改變的情況放諸四海皆準，看起來顯然是受到我們所有人固有的某種東西所控制。我認為，人生不同時期的思考方式，主要依據的就是我們遺傳到的基因——那是個人版的「生命時鐘」。

無論同不同意「基因決定論」（genetic determinism）那麼驚人的觀念，現在大部分的心理學家都相信，人類的頭腦在中年的確會繼續發育。其實回顧起來很奇怪，我們居然曾經認為兒童和成人的頭腦截然不同，一個會發育，一個不會。評量人生不同階段的心理發展時，我們不再用單一線性敘事觀點來看，認為所有人的性格都按照同樣既定、連續的階段進行。現在，我們其實認為，兒童的性格發展太好預測、太一致，完全是因為我們迫使他們在特定的實際年齡經歷特定的教育階段。中年的心理發展少了那樣共通、組織明顯的控制，以及外界加諸的成年儀式，所以中年的心理發展就像許多不同改變同時發生而譜出的交響樂——有些快，有些慢，有些連續，有些斷斷續續。雖然人與人之間微小變化的實際細節有差異，不同人的交響樂聽起來仍然夠耳熟，足以讓人覺得基因傳遞的演化傳承構成了我們的主題。

中年心理發展這首交響樂的一個明顯旋律是「控制」。控制有幾種不同的意義，而中年人對其他所有人的社會、經濟和政治控制力都很強大，但他們的確很擔心控制的問題。政治家、工廠領班、經理和教授的平均年紀逐漸下降到五十多歲，甚至四十多歲，現代的重要角色似乎常常由中年人主演。舉例來說，用不著回顧太久以前的歷史，就能找到英國統治者至少看起來遠比現在統治者老態龍鍾的時代（不過依然主要是男性）。

然而，並非所有人都是企業家或政府首長。所有人多少都保有另一種形態的控制，也就是我們覺得對自身周遭的控制。許多行為學家認為，藉著動物對環境的掌控程度（自覺能避免疼痛和困乏，或是尋覓資源或安適的能力），可以衡量動物的福祉；同樣的，很多心理學家也認為，人類福祉主要依據的是差不多的事。我們都知道，人生中有些事我們可以全權作主，有些事我們完全無法掌控。不過重要的似乎是，我們覺得我們能控制周遭世界的能力。這種控制的概念，以最粗略的方式把人分成兩類，一類相信人生的一切都在自己的掌握之下，另一類相信人生會帶來種種境遇，自己只能被動反應。對這類事情根深蒂固的想法，很可能在年輕時發展出來，大概是根據我們的基因和經驗，不過等到中年的時候，我們已經有充足的人生經驗，能確保我們對自己掌控能力的認知，更深刻地銘記在我們的性格之中。

我們相不相信自己控制了外在世界，對我們整體的福祉很重要。覺得自己有能力控制的人，通常有比較高的成就，比較積極活躍，沒那麼焦慮，比較能克服逆境，身體比較健康，而且似乎比較快樂。雖然一直相信你能塑造自己的未來，可能讓人很有壓力，但即使累人，即使有時大錯特錯，這種對自己能力的盲目信仰卻似乎非常有益。舉例而言，據說自決的感覺可以促進腦部分泌大量的傳導物質，這些化學物質有助於正向的心情和身體健康。好消息是，針對人的一生中「掌控感」的心理學研究，大多顯示我們在中年的掌控感最強。其實，就像我們在第七章看到的，控制感的發展呈現低平的小丘，而中年人站在丘頂，睥睨周圍比他們年輕、年老的可憐人。中年人和青年、老年人不同，提起事業和照顧他人時，中年人常常把這兩件事視為生命中最重要的兩件事，且看來他們也把這兩件事視為生命中最能掌控的兩個面向。這似乎甚至形成了一種良性循環——掌控感充足會讓工作更有成就，和子女的關係更好；反過來說，如果在這兩個關鍵領域可以成功，也能強化我們的掌控感。

然而，並非所有中年人都有完美的掌控感。雖然心理學家針對中年人所測到的平均評分比較高，卻不代表所有中年人都覺得自己可以主宰自己的命運。有人覺得可以隨心所欲，同時也有人覺得自己的生命一片混亂，無法預期。比方說，和藍領階級的工作者比較起來，白領階級的工作者會覺得他們較能掌控自己的生命。另外，教育程度似乎也有影響。平均而言，女人也比較會覺得事情「發生在她們身上」，而不是她們「做了某些事情」。中年婦女覺得她們最能控制的生命元素是和其他人的互動，而男性覺得自己對控制「事物」比較擅長——東西、錢，或是抽象的事情。當然，許多受試者可能有不愉快的經驗。很多中年的體力勞動者之所以產生一種世界在他們掌控之外的感覺，是因為他們人生的故事顯示大部分的人生的確如此。想來有趣，女性為什麼也有這種感覺？女性難道天生容易有無力感，還是她們的經驗讓她們有這種感覺？

我們最重要的一種控制形式，是調整及操縱自我認同的能力。我們所有人都有自己獨特的認同——總合了我們對自己的想法，以及我們在社會的地位。但心理學家不覺得這種認同是固定不變的。真相恰恰相反；雖然我們的自我認同很關鍵，但它應該是處於持續變化的狀態，永遠都會反映變動的環境和個人的態度。在這方面，人和人之間就有差異了。

說到這裡，又要把人類簡化成兩個極端陣營。有些人的自我認同遠比其他人有韌性，會努力塑造世界以符合自己的需要；有些人的自我認同比較沒有條理，比較順從，會不斷改變，適應周圍強勢的狀況。我們有時認為，成功邁向老年的定義就是擁有較具韌性的自我認同，不過倒也不盡然如此。擁有這類自我認同的人或許自信而樂觀，但他們也可能忽略生命中發生的實際變化，覺得要適應必要的改變比較困難。相反地，擁有極度不穩定的自我認同也有缺點，這些人會因為老化的過程而恐慌，或甚至提早臣服於老年衰退。

不過，我們從心理學研究裡知道，中年的一般趨勢是，我們的自我認同都從有韌性的那個極端，移到不穩定的那個極端。最後的結果對女性或許比較重要，因為平均來說，她們的自我認同本來就比較不穩定。聽起來或許令人擔心，但是在中年改變自我認知有許多好處。畢竟到了中年，表現個人性格的強烈年輕衝動似乎已經沒有必要，甚至顯得可笑。在此時，你不是已經達到當初的目標，就是還沒達到。研究顯示，中年人的目標不再那麼嚴格，志向變得比較有彈性，這樣當然會提高中年人實現目標與志向的機會。或許人一旦來到中年，在與自己和周圍的世界打交道時，就該讓步一下了。

中年心理交響樂的第二個主題是「保守」——社交和政治的保守。我們都覺得中年人變得乖僻、極度保守的刻板形象很可笑，但真的會發生這種情形嗎？這種情形會是演化造成的嗎？

中年人展現出某些獨特的社會化模式。研究顯示，他們不像比較年輕的人一樣頻繁參與社會互動，表面上這似乎符合中年人不愛與人來往的老套說法。不過，問卷調查的研究裡，年紀較大的成年人給自己社交互動的分數比年輕人高，其中包括和配偶、家人的來往。他們和一小撮人的互動似乎還增加了，例如，許多中年人和兄弟姊妹重修舊好（之前通常因為解不開的手足競爭，或是因為事業與照顧子女這些需索無度的事，占據了所有的心力，而彼此疏遠多年）。

因此，人到了中年應該不會變得比較不愛交際，而是比較會選擇他們交際的對象，把自己的社交能量投注在所選擇的少數重要對象身上。有些人甚至認為，這樣的改變符合人類生命藍圖的某些理論。他們認為人類年輕時，人生似乎朝遙遠的未來延伸，和其他人互動的目的是取得資訊——資訊是極為重要的人類資源。人類進入中年時，時間突然變成有限的資源（或許是由於先前探討過的原因），而他們的社交目標，從收集知識轉變成和其他人產生情感連結。當然，這其實符合之前討論過的演化概念——人類生命多少是以長者傳承文化資訊給年輕人的過程為中心建構的。針對這個理論，心理學研究已經證明，年輕人亟欲學習，不論向誰學習都好，而中年人則渴望和親近的親友建立互相支持的關係。這是中年人行為上的穩定改變，是一種發育，而且進一步證實了「中年」的許多面向是由我們共同的基因傳承（生命時鐘）所驅動的。

中年社交變化有種固有、內建的本質，或許根源於某些非常基本的神經機制。有幾個研究指出，無論我們喜不喜歡，人和其他人的情緒互動都會在中年改變。比方說，各年齡的受試者都覺得比較難分辨年長成人的臉部情緒。還有，隨著年齡增長，我們愈來愈無法分辨其他人臉上的情緒，而且容易覺得沒有特別情感的臉部表情傳達的是怒意。有份報告認為，人在中年時期會開始在頭腦的不同區域處理臉部情緒表情的影像。另外，隨著年紀變大，人際衝突愈來愈不容易讓我們沮喪、激怒我們，我們也比較不會對爭論的對象有先入為主的想法。

因此，某種程度來說，中年時期對情緒的反應變得遲鈍了，年輕時激烈的情緒反應開始顯得陌生。但中年這個時期，我們應當致力和其他人建立情感連結，卻又變得遲鈍，怎麼說得通呢？難道我們強化了與特定少數人之間的言語情感連結，同時不再需要特別和許多陌生人及某些點頭之交互動？換句話說，中年人不再需要那麼精密的情緒雷達了嗎？

據報告，許多國家的人在中年時，還有另一方面也會變得更加保守，那就是政治思想。這種發現太普遍，許多人認為不論盛行的意識形態是什麼，年齡和保守主義之間都有重要的關聯。過去幾年裡，有不少研究在探討政治信念的生理根據。有些研究試圖闡明，他們心理測驗量測的特定特質和政治傾向有關聯。神經科學家甚至試圖分析政治信念的神經組成。有個研究將之分為三個要素──個人主義、保守主義和激進主義──並且分辨出觸發不同政治模式時，腦額葉出現活動的不同區域。

但政治很難用演化的角度研究，一部分是因為只有人類這個物種有政治這回事，所以找不到其他生物可以比對。話說回來，用演化的方式來檢驗不同政治活動的動機，仍然是可行的。比方說，我們已經看過人類的中年可能天生容易在社交上退縮，保存資源，把這些資源投注在自己的生存和後代的成功。以天擇的角度來看，這樣的現象顯然很有道理，不過聽起來也很類似右翼的心態。

在演化的脈絡中，也有道理的另一個政治主張，是財產再分配。我們年輕時擁有的很少，也難怪我們會支持這種鼓勵把年老「擁有者」的資源轉移給年輕「缺乏者」的系統──這是自由主義的目標。相反地，中年人（「擁有者」）可能失去的最多，而且取回失去事物的時間最少，也難怪他們支持人們應該有權用他們覺得適合的方式，來運用自己的財產──那是保守政治的思維。

接下來的十年裡，隨著腦部造影技術更加進步、愈來愈容易取得，這個研究領域可望有更多進展，而政治權威終於有機會做渴望已久的事——看看投票者的腦袋，弄清楚為什麼他們會用那樣的方式思考。而了解我們投票模式在中年的改變，無疑會是他們願望清單的前幾名。

中年人控制人類社會的那麼多面向，但他們本身的認同和信念卻變動不定。這幾千世代的狩獵採集生活，為什麼讓我們變成這樣？說來有趣，小部落成員其實一無所有，那麼自我認同轉變、社交選擇和政治保守主義對他們而言，究竟有什麼意義。畢竟我們在今日中年人身上看到的心理改變，早在人類生活和現在截然不同的時候就已經在演化了。

不過，那些古代的世代一定普遍受到某種驅力影響，中年的性格才會塑造成今日的模樣。因此，在中年時，我們的性格終於達到最接近「完整」的地步。但還是有個要緊的問題：這樣我們就會快樂了嗎？

第十章　中年人真的比較憂鬱嗎？

快樂該怎麼測量？我們都大約知道快樂是什麼，我們看得出別人快不快樂，有時甚至會納悶快樂是什麼造成的。我們樂於相信，快樂是可以改變的真實狀態，許多人覺得快樂是圓滿人生的主要要素。我們擔心中年的現實取代了生氣蓬勃的青春，快樂也會隨著煙消雲散。我們覺得快樂很重要，但我們其實沒有簡單明瞭的方式可以計算快樂的多寡。沒有簡單的測驗題，不能抽血檢驗，不能用遺傳分析，甚至沒有一致的語言定義能說明快樂究竟是什麼。那麼，我們該怎麼評量快樂，該怎麼知道中年的快樂發生了什麼事呢？

二〇〇八年初，有個研究的主題是「人一生中的快樂程度」，研究結果從學術期刊裡流傳出來，在全球主要的平面與廣播媒體上造成一陣騷動。研究似乎顯示，快樂在人的一生中有系統地改變，而這種有系統的改變方式對中年人沒什麼好處。據說人生中的快樂程度呈現「U型」曲線，年輕人和老年人占據U型開心的兩個頂端，中年人則無力地待在U

型陰鬱的凹處。

這個研究有大量的受訪者參與。最初的調查含括了美國和西歐的五十萬名男女，之後擴展到東歐、拉丁美洲和亞洲，最後總共有七十二個國家的受訪者參與其中。最後，這研究還納入之前英國一百萬人的資料。這些群組得到的結果意外地一致，人類平均的快樂程度大約在四十歲到五十歲間達到最低點。

這個實驗的尺度之大，雖然前所未有，但測量人類快樂程度的方式並沒有什麼創新之處——研究者直接問受訪者他們快不快樂。研究所根據的問卷讓受訪者勾選「非常快樂」、「很快樂」、「不快樂」、「滿意」、「非常滿意」等等的答案。這樣的測量方式看起來很模糊，如果你會想問「快樂」和「滿足」是不是同一件事，也不奇怪，但研究「快樂」這麼主觀的事情，或許也只能問受試者的主觀看法。

快樂研究裡，其他看似和心智狀態無關的問題（婚姻狀況、子女、就業狀態等等）其實也一樣重要，因為這些問題問的是可能混淆結果的因素。例如，假設我們的研究中，中年人表示他們比其他人都不快樂。另外，我們進一步假設有青春期孩子的人也比較不快樂。現在我們有了兩難，因為有青春期孩子的大多是中年人，這下子就不曉得中年人是因為人在中年所以自然不快樂，還是因為他們很可能有讓人傷腦筋的青少年子女，所以間接地不快樂。幸好，這時候統計學就幫得上忙了。統計分析巧妙地比較各種不同的人（例如沒有青少年子女的中年人，或是有青少年子女卻不是中年的人），讓我們區分出影響快樂的不同因素，其相對重要程度是如何。二〇〇八年初的研究雖然經過所有這些統計學的神奇把戲，結果仍然堅持中年人天生比其他所有人都不快樂。

為什麼青年會比中年人快樂，這並不難理解——他們美麗、年輕、肩負的責任少、離死亡很遠。至於老年人為什麼會比中年人更快樂，研究者想到一些很巧妙的可能。一個原因是，隨著年紀變大，野心變小，目標變得比較實際，所以老年人設下的目標比較少失敗，才會因而比較快樂。另一個可能是，不快樂的人在中年比較可能死亡，所以「強化」的族群裡，年老存活者中快樂的人超乎比例的高。他們的第三個理論是，從中年邁入老年時，人會因為自己還活著，不像同齡的許多人已經過世了，而愈來愈感恩——而感恩帶來快樂。要是我贊同U型的快樂理論，我還會加上另一個理論——人類的發育程序會延續到老年，它會讓年紀大的人基本上處於快樂的狀態。然而，之所以會演化出這樣的傾向，一定有某種原因使得愉快情緒讓老年人更能協助後代得到成功。

思考U型快樂曲線很有趣，不過要知道，雖然這個研究的樣本大、分析仔細，而且有其他研究支持其結論，卻還有更多研究得到不同的結果。例如，有個美國的調查顯示，隨著緊張焦慮的年輕人逐漸成熟、變成快樂滿足的老年人，人的快樂程度會在一生中逐漸增加。

另外，有些心理學家認為，在任意的時機問別人是否「快樂」，這樣不夠。他們認為，快樂不只是難以描述、短暫的主觀感覺，也是人們經歷正面、負面情緒（或是按照心理學家愛用的艱澀說法，是他們經歷的正面、負面「影響」）的總和。快樂是否真為所有正面情緒扣掉所有負面情緒得到的總和，還沒有定論，不過這方式至少達成科學家喜歡的一個條件——把一個龐大而神祕的現象（快樂）切割成比較容易評量的小部分。以情緒而言，這些可以測量的小部分，是志願者在問卷上替一串形容詞打的分數。如果他們給「討厭」和「敵意」的分數低，給「愉快」和「興奮」的分數高，那麼科學家似乎可以合理地結論道：他們的正面情緒超過負面情緒，甚至因此可以說他們是「快樂的」了。

用這種方式評量大樣本的平均情緒，會出現複雜的模式。中年時，男性表述的正面情緒多於女性。其實中年男性的正面情緒也稍稍多於年輕人。相反地，女性的正面情緒在中年稍稍下滑。不過，兩性進入老年（超過六十歲）時，正面情緒都會增加。這方法也讓研究者可以獨立研究負面情緒。中年男性的負面情緒少於女性，比起青年時期，他們的負面情緒也減少了一點。中年女性的負面情緒和年輕時差異不大。接近老年時，兩性的負面情緒都減少了。

這些結果代表什麼意思呢？中年似乎強化了男性比女性「更快樂」的趨勢（前提是我們認為這些研究評量的是快樂）。不過，中年和青年的差別很細微。在我看來，人生的這兩個階段裡，人類的需求有複雜的差異，所以自然會有上述細微的差別。而天擇花了數百萬年雕琢出人生的兩個階段，讓我們完全可以適應這些需求。中年人再次表現得像嚴密控制的明確轉變，而不只是不受控制的退化過程。相反地，一旦來到老年，整體幸福感明顯粗略而全面地增加，令我們的心情一振。

這些都是將情緒視為「總分」來研究，除了這些研究之外，還有證據證明在一生中是什麼驅使我們的情緒變化。中年人覺得自己所處的日常狀態對情緒的影響更大。日常生活通常變得比以前複雜，例行公事愈來愈五花八門，而且變得更嚴苛，毫不間斷。雖然青年的生活辛苦，但他們或許覺得比中年人容易跳脫日常的壓力（財富和金錢是最好的例子）。年輕的時候，如果錢或食物暫時少了，只覺得不方便。中年人常常懷念無拘無束的年輕時代，需要的只是有人愛、有愛他們的地方，還有眼前的未來；到了中年，不得不為他人提供資源，還有必須思考未來的焦慮感，難怪時間壓力更會影響我們的情緒了。

然而，人生中情緒轉變的狀況十分一致，明顯顯示這和變動的外在因素無關。其實大部分的變動都是內在變動。換句話說，情緒還有很大一部分在持續發展當中。基因的「生命時鐘」不只改變不同情緒的強度和重要性，也會改變環境對這些情緒的影響。有些研究者認為，我們感受到的快樂大約有五〇％取決於基因。這個論點很驚人，而這讓人生經驗影響我們情緒的空間少得驚人，何況我們的基因也可能決定，這些經驗在人生不同階段對我們造成多大的衝擊。實際上，我們一生中與情緒有關的一切，愈來愈像是事先計畫好的，這點令人感到不安。有些人甚至聲稱有些特定的心理運作過程，會持續調整快樂的程度，讓我們的快樂在人生中按照預先設定的路線發展。依據這個理論，在成就超過或是低於預期，或是財富增減時，我們只會有短暫的情緒反應，接著會迅速調整我們的期望，最後的快樂程度會和之前差不多，愈變愈像老樣子。

情緒這種持續的「校正」，確實符合日常觀察到的情況。有些人天生樂觀，有些人則是悲觀，不論人生塞給他們什麼事。這些傾向的背後或許有可以直接量測的腦部功能變化。腦部掃描顯示，對人生看法正面的人，利用左前額葉皮質區的頻率多於右前額葉皮質區，比較悲觀的人可能恰恰相反。這些研究當然很粗略，尤其是我們並不知道利用腦部左右側，是正面或負面情緒的起因，還是結果。不過，性格差異似乎的確可能反映腦部活動模式的差異。

研究頭腦在運作過程中釋放的化學物質，顯示中年情緒改變可能有些基本的化學因素。許多研究顯示，雖然中年人的情緒可能會受周遭事件的整體狀況影響，但他們和比較年輕的成人比起來，對個別事件的情緒反應反而沒那麼激烈。這結果很有趣，因為這表示，中年人不知為何提前適應了超級複雜的中年生活。別忘了，不同中年人人生的差異，很可能比年輕人之間的差異更大，例如人際關係、成就、財富、自我認知、挑戰和責任等方面。因此，為了適應這些中年人生的固有差異，我們的情緒的確可能因為腦中某些化學神經傳導物質，而變得更穩定或克制。畢竟，不同中年人的人生顯然差異非常大（而且可能不大公平），如果他們對事件的反應還像年輕人一樣，人生恐怕會像難以忍受的情緒雲霄飛車。中年人最不希望的，就是像青少年一樣重新經歷各種情緒，那樣太折騰，而且會對我們要負責任的那些人造成太大的傷害。

不過，這些改變或許不表示，中年的情緒普遍整體上變遲鈍了，而是這些改變反映了我們思考和情感表現的方式大幅重整。心理學家總愛爭論認知和情緒的關係，不過調節控制情緒時，和「認知」比較相關的大腦皮質區確實扮演了重要的角色。例如，我們有時都會對外在世界的事件產生強烈的情緒反應，接著我們會有意克制。

因此某種程度之內，認知可以控制情緒。這很重要，因為我們已經看過認知在中年如何變化、如何達到人生中關鍵的頂點。的確，有些心理學家認為，正是這些認知變化造成中年人的情緒改變（包括快樂）。換句話說，中年時，認知（也就是讓人類這麼成功的那個特質）調節情緒的能力終於完全成熟。我們在中年並不會變得遲鈍；相反地，人類情緒和思想的兩大領域終於達到理想的平衡。還有什麼比這更完美的呢？

*

為了更了解中年的快樂，有些心理學家把他們的研究延伸到一個相關但獨特的概念——幸福。雖然幸福和快樂一樣難以定義，但幸福仍然是主觀上很重要的狀態，和快樂有些重要的差異。首先，評估自己的幸福會涉及我們對自我的評價——自己的人際關係、自我形象、自主性、對生活的掌控、目標和進展，從我們對這些事物的評價，得到人生成功和滿足的整體概念。第二，幸福因為有這種內省的色彩，因此比起快樂，是更長遠、更經過深思的狀態，需要我們退一步脫離日常生活，檢視我們的生命。所以，幸福比起快樂，更容易和短暫的喜悅、悲傷、成就或失敗區隔開來。第三，人類是社會性、會競爭的動物，要評估個人的幸福，必然要拿自己和別人比較。

不論我們怎麼定義幸福，幸福都有多面向、內省、長遠和比較的特性，因此很適合心理學家非常喜歡的那種問卷。而這些問卷最重要的結果就是，人們認為最能定義個人幸福的重點都不一樣。比方說，有些研究顯示，中年人最重視人際關係，再來是自信和自我接納。其他研究甚至列出中年人最重視的事項排名，下面就是一例：

• 婚姻
• 財富
• 子女
• 健康
• 工作
• 性
• 對他人的貢獻

我們稍後再來看「婚姻」；其他項目的相對重要性其實很有趣。例如，「健康」似乎排在很後面，但別忘了，中年人的健康困擾不多，所以他們大概不像老年人那麼常想起自己的健康狀況。

「子女」的排名低得驚人——人生的這個部分需要那麼多的努力，而且是延續我們基因的關鍵，只排在第三似乎很令人失望。或許，中年人沒把子女排在前面，是因為他們不覺得，養育孩童和青少年的壓力對幸福有正面的影響。也可能是他們覺得，子女是無法克服的自然力，他們無法控制（至少我就是這樣），因此回答偏向他們覺得自己能控制的因素。另一個可能是，中年人直覺地結合了子女和自己的形象，因此從來沒想過把子女視為「外在」因素。其實，有明確的證據能證明，中年人評估自己幸福狀態時，主要根據的是他們覺得子女是成功或是失敗、快不快樂，而不是自己的情況。因此，中年人的幸福或許多少是間接感受，既是評估自己，也是在評估他們的孩子。

「財富」排得很前面，但金錢和幸福（以及金錢與快樂）的關係卻很複雜。要受試者評估自己的幸福和財務狀況，並且不去問他們覺得這兩件事有多大的關聯，結果會發現，收入和幸福的關係比其他因素（例如家庭成員彼此的支援）更不顯著。雖然隨著工業化國家的收入成長，人對自己幸福的評估確實更為樂觀，但影響卻意外地輕微。相較之下，就業率提高似乎重要多了。按這種論點，我們或許該致力於讓大家都有工作，而不是讓大家富有（這種志向和共產主義或許沒那麼不同）。財富和幸福之間的關聯雖然不顯著，經濟學家有時卻試著想搞清楚，不同生命事件能夠換算多少等值財務。他們提出的數目驚人，例如，結婚據說會帶來等同年收入七萬英磅的幸福感，伴侶死亡則等同十七萬英磅的財務衝擊（不過請注意，這不是說有種機制可以真的把婚姻「兌現」成等值的金錢。金錢和幸福並沒有那麼容易彼此轉換）。

中年人擁有敏銳的認知能力，卻把財富排在那麼前面，或許並不奇怪，因為金錢是清單上最實際、最容易計算的一項。不過，財富對幸福的影響那麼小，卻被視為如此重要，仍然令人意外。金錢和幸福表面上無關，難道又是情緒校正的另一個例子嗎？當收入增加時，你的生活方式和情緒很快就適應了，因此幾個月之後，你就不再注意到自己加薪了？另一方面，中年人和金錢的關係或許和年輕人不同。對他們而言，金錢被視為重要資源，讓他們能完成養育子女這個重責大任，或幫助他人的利他消遣。財富對務實的中年頭腦來說，似乎遠比供應子女或幫助他人更容易量化，因此何不把財富放在幸福清單的前面，把它當成能保佑你辦到其他那些事的護身符呢？

針對社經地位的研究結果，和單純針對金錢財富的研究成果差不多。雖然社經地位比較低的中年人通常有比較多的健康問題，離婚比例較高，雙親較早過世，錢當然也比較少，但他們表述的幸福程度和社經地位較高的人卻差別不大。這個發現很驚人，令我納悶我們能不能找到任何既和幸福有關，又是實質或可以量測的東西。不過，雖然幸福感的程度似乎幾乎不受社經地位影響，受試者眼中的幸福因素卻深受社經地位影響。打個比方，社經地位高的中年人認為，目標、成就和學習新事物對他們的幸福感很重要，而地位低的中年人則認為可以適應不斷改變的世界比較重要。

不過整體來看，中年幸福的展望還不錯。許多問卷調查的研究顯示，中年自我評估的幸福感高過成年的其他時期。其實幸福和認知的模式很接近，在中年都是平緩寬廣、令人安慰的丘頂。有些研究顯示，中年的幸福甚至還有更重要的意義。在各個年紀的成人眼裡，中年似乎是人生的關鍵時刻。較年輕的成人常常依據預期中自己四、五十歲時的表現，來評估目前的幸福，把自己投射到未來的中年。相反地，要老年人評量自己的幸福，他們會想起自己的中年，心思飄向中年的過往時光。似乎我們人類已經變得迷戀中年，會直覺把中年視為一生成功和圓滿的基準。

這是中年力量的一個關鍵。不論我們是什麼年紀，中年都會吸引我們內在內省的目光。如果我們對自己的中年滿意，不論是正在經歷、期望中還是回憶中的中年，我們似乎就對自己的人生心滿意足了。

那麼快樂的U型狀態又是怎麼回事呢？快樂的U型表現雖然有種魅力，卻似乎不大符合幸福的研究，或是其他對快樂的分析。難道人類的快樂太複雜，所以誤導了我們？

事實上，一些研究者現在主張，快樂的U型曲線只是假象。我們已經看過，調查年齡對快樂的影響時，需要在統計上仔細考慮到各種容易造成混淆的因子，例如子女、婚姻和就業狀態。而U型曲線假說的反對者抓住這個問題點，指出表面上的U型表現，或許並不代表中年真的讓人悲哀，只是這些複雜錯綜的影響經過該研究分析方法，而產生的虛假產物。這些影響之中最重要的是婚姻。婚姻本身似乎讓人比較快樂。反過來也說得通——快樂的單身人士比較可能結婚，而快樂的已婚人士比較可能維持婚姻。婚姻和快樂的交互作用在統計上很難處理，不過若不考慮這類的影響，對統計結果恐怕會有超乎意料的嚴重衝擊，尤其是許多中年人已婚，而且許多中年人很快樂。其實，有些研究考慮到這些因素後再度進行分析，快樂的U型表現也就消失了。因此我們懷疑，其實U型的曲線根本不存在。或許中年人其實不會比較憂鬱。

這章裡，我們探討了兩個有點重疊的主觀概念——快樂和幸福。動物的結構和功能明確而單純，對於每天處理那類事情的我而言，快樂和幸福的種種現象有時隱晦得惱人。不過，我們都知道快樂和幸福對所有人都不可或缺，而且心理學家也確實對於這些看似不科學的現象，有更深入的了解。這些了解對我們「中年新故事」有異常重大的意義。看來中年人不比其他人憂鬱，甚至覺得自己比其他人幸福。另外，不論我們是什麼年紀，中年的幸福感似乎都是人生實現感的關鍵。中年根本不是情緒麻木的時期，而是情緒和思考能力的平衡終於成熟的重要人生階段。

前一章強調的是，我們的性格在中年仍然有可塑性；這一章裡，我們看到人類有種驚人的傾向，在一生中會維持樂觀或悲觀的天性。當然，我們都持續對周遭的事件做出反應，但我們的期待顯然也會不斷調整，於是境況雖然改變，我們個人對世界的觀點仍然頗為固定。我們的頭腦一開始就有差異，之後依舊不同。人類生活的許多面向在人與人之間有極大的差別，同樣地，演化也造就了我們這個物種個體間巨大的性格差異。人類性格的差異似乎對本身也有好處。

人類在彼此眼中、耳中，看起來、聽起來很不一樣，天擇也確保我們應付周圍世界的方式各有不同。到了中年，看待世界的方式（也就是性格）達到最成熟的狀態。

第十一章　中年人的心靈碎弱嗎？

即使控制了無助感，挫敗感和憂鬱仍有很大的關係……控制了挫敗感之後，（無助和憂鬱）這兩者之間的關聯會大幅減低。控制了其他社會階級的變數之後，受困感和挫敗感對憂鬱的已解釋變異量（explained variance）有很大的影響。

——吉伯特（Gilbert）與艾倫（Allan），《心理醫學》期刊（*Psychological Medicine*），一九九八年。

人類對世界的控制、利用，以及獲益於世界的事，是其他所有動物所不能及，主要就是因為我們有超級龐大的腦子。雖然解剖學家在十八、十九世紀時，幾乎都在尋找頭腦的哪個部分讓人類與眾不同——也就是關鍵的演化創舉——但他們一直沒找到。相反地，我們頭腦和地球其他所有生物唯一不同之處，似乎只有腦子的大小。人腦大約比我們這體型的哺乳類會有的腦子大了五倍。（腦容量和體型通常有緊密的數學關係，即使體型差距極大的不同物種也一樣，小鼠的腦重〇．四公克，抹香鯨的腦重達八千公克，但牠們都符合「標準」的哺乳動物模式），我們認為人類就是因為達到腦部的「臨界重量」，才能達成人類那些驚人的成就。

不過腦袋大到可以創造科技、語言和大型社會的唯一物種，卻同時也是唯一有許多個體自然發生心理疾病的物種，這會是巧合嗎？我說「自然發生」，是因為動物如果受到嚴重的虐待，也可能表現出類似憂鬱、焦慮和精神病的症狀；然而，許多人類（占這個物種不小的比例）沒有明顯的直接原因，就發生這些狀況。或許有人認為，心理疾病是因為人腦的發育趨近腦容量與複雜程度的絕對極限。我們正在接近頭腦因為太大而變得不穩定的狀態。

許多人（尤其年輕人）相信，中年是心理疾病這種人類獨特的負擔最嚴重的時刻。中年常常被視為注定不愉快的時期，這階段的人生最容易受到三種人類苦難侵襲，也就是憂鬱、焦慮和精神病。不過在這章裡，我會思考事情是不是真的如此。我會把重點放在憂鬱，偶爾談及其他兩種，因為我認為憂鬱是最容易伴隨著中年出現的心理疾病。

中年的臨床憂鬱症極為重要。我們所有人遇到人生中不幸的事件，都可能體驗到強烈的悲傷——這是「反應性憂鬱症」——不過「臨床憂鬱症」主要的成因則源自個人的內在。雖然「反應性」和「臨床」憂鬱的差異，比精神科醫師以前認為的更模糊，但臨床憂鬱症的特性是有長時間不間斷的悲傷；罪惡感、自責和覺得自己沒價值，會形成自我挫敗的循環。臨床憂鬱症和反應性憂鬱症不同，前者幾乎無法欣賞人生的光明面，患者常常經歷獨特的生理症狀，例如早醒型失眠、頭痛和消化問題。

臨床憂鬱症有種讓人心力交瘁的特質，因此在中年的破壞性可能很強。患者在社交場合常常表現很差，早早進入晚年的貧困狀態，也比較容易患有慢性疼痛、糖尿病、心臟病和肥胖症。憂鬱的心理狀態不只影響心情，也與記憶力衰退、認知表現變差有關，還會在腦部掃描時出現不尋常的腦部活動模式，甚至可能延續到憂鬱發作結束以後。幸好憂鬱症的人口調查結果和一般預期的不同，中年和人生其他時間比起來，其實比較不容易罹患憂鬱症。已發展世界的女性，在中年之前罹患臨床憂鬱症的機率大約是二〇％；中年早期到中期之間，發生率降低到十六％；中年晚期大概是十％。男性在任何年齡似乎都比較不容易罹患憂鬱。先前說過，男性的情緒在中年比較正向，評估自己身體健康狀況時，容易過度自信，而且認為自己和死亡的距離遠得不切實際。中年之前，他們每年臨床憂鬱症的發生率大約是十二％，之後降到七％，老年時大概低到三％。要注意，這些數字仍然顯示，人生的各階段都有許多人受憂鬱症所苦，但不可否認，中年的趨勢似乎的確在往正確的方向發展。（其實焦慮症在中年時期也有類似的下降情形，精神分裂症在中年發作的機率也低於青少年或青年時期。）

心理學家想確認中年的憂鬱症真的減少了，因此一直努力思考這個現象。舉例來說，有人認為中年人參與心理健康調查時，可能比年輕人更容易忘記自己憂鬱症發作的事。不過，他們除了「記得」憂鬱症發作的比例比較低外。表述「目前」憂鬱的比例也比較低，因此看來不是因為中年人忘記先前憂鬱症發作的緣故。第二個可能性是，隨著年紀增長，人的頭腦可能變得比較糊塗，因此沒想到要提及過去或目前的憂鬱症發作，不過雖然這在蒐集老年人資訊時可能是個問題，但中年其實不常有嚴重迷糊的狀況，就算在臨床憂鬱症發作時也一樣。第三個可能性是，中年人可能比較不願意承認自己有憂鬱症，或者比較不願尋求治療。但數據資料也駁斥了這個可能，有些心理學家聲稱，中年人其實比年輕人更願意表述自己的負面情緒。我想提出中年（至少和青少年或老年人比較之下）憂鬱症可能短報的第四個可能原因。青少年在學校的控制之下，老年人通常比較頻繁地受到他們的醫師監督，所以和中年人比起來，這些年齡層的憂鬱症或許比較不可能逃過記錄。然而，這種論點仍然沒解釋青年和中年時期之間憂鬱症減少的情況，因為青年人和中年人一樣無人看管、無人監督。

如果我們來到中年時，憂鬱症的發生率真的下降了，那麼是哪些中年人仍然受憂鬱症所苦呢？有許多研究試圖回答這個問題，但我們之後會看到，要分辨哪些是憂鬱症的成因，哪些是後果，或者哪些只是成因剛好和憂鬱症相同，這過程實在令人混淆。

比方說，已婚人士比較少提出憂鬱症的症狀。或許是因為他們比未婚的人少有憂鬱的情形，而不是因為已婚的人比較會瞞著他們憂鬱的情況。不過，這並不一定表示婚姻自然能「防止」憂鬱，否則反過來也可以說，容易罹患憂鬱症的人比較不可能結婚或維持婚姻狀態。（精神分裂症的情況也一樣，已婚的人也比較少罹患精神分裂症。）然而，有個發現確實顯示婚姻或許能防止憂鬱——喪偶似乎有相反的影響；喪偶和憂鬱有很強的相關性，而失去伴侶對男人的影響似乎更劇烈。有趣的是，婚姻和「不憂鬱」的相關性在男性身上也比女性顯著。對女性來說，重要的似乎不是結婚，而是女性認知中的婚姻狀態（或是認為婚姻成功與否）。

中年時期，子女對憂鬱的影響並不明確。有些研究顯示子女和憂鬱症之間沒有關聯，有些研究則顯示，父母（尤其母親）會比不是父母的人容易罹患憂鬱。但是相關性太微弱，所以這可能根本不是真正的因素。比方說，研究已知，本來就有憂鬱症和容易較早生兒育女有關聯。因此，子女或許根本不會造成憂鬱症，相反地，可能是憂鬱症「導致」他們有子女。其實，年輕人面對困境的反應為什麼是生兒育女，或許在演化上說得通——早年的困境表示人生可能會艱苦短暫，所以最好的辦法或許是愈早開始繁衍愈好。

雖然我之前對佛洛伊德不以為然，但養成過程的經驗會影響人們在中年罹患憂鬱症的機率，這點倒是無庸置疑。一個英國的研究要求四十三歲的人回答，他們覺得父母對待自己的方式算是「關愛」、「控制」或是「漠不關心」；之後把得到的結果，和同一批受試者在五十二歲的心理健康互相比對。回憶童年父母「關愛」的群組和「控制」與「漠不關心」的群組比較起來，父母「關愛」和良好的心理健康有顯著相關。其他研究顯示，童年受過性虐待或生理虐待的中年人，發生憂鬱症的機率會高出一倍。此外，早年受教育的時間長度，在中年似乎對憂鬱症有強烈的預防功能。不過，我們必須小心看待這些表面上的關聯。因為什麼是因、什麼是果，常常並不明確。打個比方，憂鬱的人比較不會用「關愛」來描述父母嗎？如果沒有罹患心理疾病，是否比較容易繼續學業？從前受虐的人來到中年之前，已經受到哪些心理疾病所苦？

有薪的就業狀態和中年心理健康的關聯非常強烈，讓人容易認同就業能防止心理疾病，不過說來令人訝異，據報家庭主夫、主婦憂鬱症的發生率很接近未受雇的人。另外，不論是什麼年齡，有薪就業對男性心理健康明顯的正面影響比女性更強，造成一些兩性之間有趣的差異。男性就業的比例通常在二十多歲時最高，然後隨著年歲逐漸降低。這表示，雖然在工作的中年男性比較少，但憂鬱症的比例卻比較低。相反地，因為許多年輕女性待在家裡照顧子女，女性就業人數的巔峰年齡大約在四十歲左右，這時許多女性的子女長大，她們於是進入職場；因此，中年就業增加，可能實際上促使女性憂鬱症的情形減少。

有些心理學家認為，中年對憂鬱症最重要的影響是人在社會階層的位置。他們甚至懷疑，人們提出的婚姻、父母關愛、教育和就業與憂鬱症之間的關聯性，許多其實只是展現了社會地位無所不在的影響。人類群體會自然形成社會階級，這和許多社會性的動物相同（例如紅鹿、黑猩猩和鼴鼠）。這個過程在青春期早期就已經全力開始進行，這些階級和根據的標準（美貌、健康、財富、就業狀態和智力）在中年的改變可能並不大。從青春期開始，人類族群自動建立了兩個獨立的「啄食次序」（pecking-orders）——一個屬於男性，一個屬於女性——人在這兩個社會階級體系裡可能往上爬，也可能往下掉，但終究逃不出這兩個階級體系。中年女性的社會地位尤其受到令人不安的挑戰，一些研究顯示，決定社會優勢的因素中，美貌對女性遠比男性重要。因此，許多男性在享受財富、權力增加造成的社會地位提升時，女性卻覺得皺紋把她們拉向相反的方向。我們知道人們身處社會低層會不自在，在同樣地位的動物其實也會明顯表現出承受壓力的跡象，例如行為異常、不利的社會互動，以及健康不佳。進一步來看，所有地位低的社會性動物都會面臨這種問題，心理疾病只是這問題在人類身上的異常顯現。這章開頭的引言顯示了，無助、挫折、受困感和一般的社交失敗這些概念，如何被納入心理疾病的語言中。

其他研究顯示，中年有更機械論的、生理的、「將身體視為機器」的憂鬱源頭。例如，當我們遇到充滿壓力的實驗情境，大多的反應是血壓升高、心跳加快，副腎上腺會分泌一種叫「皮質醇」（cortisol）的荷爾蒙。然而，患有臨床憂鬱症的人，這些壓力反應會減少，而減少的程度和憂鬱症狀嚴重程度有緊密的相關。即使研究者用統計排除藥物治療、娛樂性藥物、健康和社經地位的影響，荷爾蒙壓力反應的關聯依然存在。有個研究的結果支持上述的發現，在這研究中，覺得壓力較大的中年女性早上醒來時皮質醇增加得比較少，一天之中的皮質醇濃度也比較低。

中年心理和生理之間的關聯很有趣，而且關係重大，因為中年的憂鬱不只本身的破壞性很強，而且和其他嚴重的問題有關。中年女性的憂鬱狀況，和體能活動量低、熱量過度攝取之間，有很強的關聯性，因此不意外地，和肥胖也有強烈的關聯性。另外，覺得自己過重的中年人，也比較常憂鬱（即使他們其實沒有過重）。男性的憂鬱症和心血管疾病有很強的關聯性，雖然這情況可能是憂鬱顯現得比心血管疾病更早，或是恰恰相反。之後我們也會看到，性生活的改變如何影響我們的心理發展。身心會藉著上述的所有方式互相影響，而「生命時鐘」之中可能藏著意外的驚奇，在中年影響身體以及心智。

雖然遺傳、健康和境況這些導致憂鬱的既存原因很重要，但中年心理健康的其他關鍵組成元素，才是實際造成壓力的因素。心理學家一向把中年看成是，自我轉變、心理變化的連續過程所導致的一連串心理壓力和危機（而且重複出現）。然而，最近專家已經開始認同中年人普遍抱持的想法：其實是日常微不足道的煩人小事，讓他們陷入缺乏活力而有害的悲傷。婚姻問題，甚至是經營成功的婚姻，都在引起壓力的清單上名列前茅，健康問題也一樣，這或許是因為中年人不大覺得自己可能生病。子女也可能導致壓力，畢竟他們經常是叛逆又難搞的青少年，或是正要離家。工作上的權力變大，帶來更重的責任、更大的壓力；中年這個時期，中年女性常常首次或再次踏入職場，而有些男人已經自願或非自願地離開職場了。中年人的父母常常身體狀況變差。雖然中年的立即財務壓力減少了，長期的財務計畫卻成為急迫的問題。一般而言，女性的生活改變得最大，因此研究顯示，中年女性覺得自己處理家庭角色轉換、事業和關係改變時的表現是好是壞，對她們的幸福感影響很大。

緊張不只和長期、無所不在的「龐大」壓力有關，也關乎居家生活和工作上小規模、日常的惱人麻煩事，有些研究顯示，這些刺激會在中年的時候改變。首先，中年人看起來要面對更多樣的事情和責任，但他們表述的每日「壓力源」比年輕人少。而中年女性表述的每日壓力源比男性多。兩性最常見的短期壓力源都是自己的子女（聽起來很耳熟吧？）。然而，中年人口中「令人挫敗」的日常壓力源數量，也比青年人提及的數量少；換句話說，在中年造成壓力的事情，或許較常是他們覺得自己可以處理的事——他們覺得那些事可以控制，正如我們之前所看到的，這會令人十分安心。

*

所以，中年的心理健康看來還不錯。

人們大概變得比較快樂，覺得較多事在控制之下，遇到的壓力源比較少，尤其是「令人挫敗」的壓力源。許多心理學家認為，中年人重新發展出一套有效的性格，使得情緒和認知可以平衡。整體而言，心理疾病的發生率在中年似乎真的下降了，這或許並不奇怪。

即使對中年人情緒不樂觀的心理學家，也同意憂鬱程度在中年似乎的確不會提高。其實，他們還指出憂鬱程度下降表示中年人有某種固有的韌性，他們可以感到悲傷、焦慮，但能設法避免這情況惡化成病理上的心理疾病。

最近有人提出這種中年心理韌性的幾種可能成因。第一，中年人經歷壓力的頻率比年輕人少——我們剛看過，這情況有幾分真實性。第二個可能是，罹患臨床憂鬱症的人比較可能活不到中年，因此活下來的中年族群自然比較不會憂鬱。第三個理論是，中年人一般比較不會對壓力做出反應，因此能避免心理疾病。這可能和中年會發生的細微情感抽離與再聚焦有關，也可能只是因為中年人可以從比較多的資源得到心理支持，例如財富、家庭、安定感等等。

最後一個可能是，中年達到了思想和情緒之間的美妙平衡，而且累積了幾十年的生命經驗，創造出自然穩定的性格。看起來，中年頭腦避免壓力和處理壓力的效率，遠遠超過其他人生階段。事實上，中年代表著心理發展最終極致的時期。這時期裡，我們處理生命中負面狀況的能力，勝過了忽略這些事或做出不合邏輯（甚至妄自尊大）反應的傾向。

所以，中年人自然的心理策略，是主動處理自己的情緒反應。中年人終於學到，怎麼讓情緒避開自我批評這種自我打擊的循環，轉而用果斷、專注、有效率的方式處理人生。在這脈絡中，龐大無敵的人腦其實在中年來到了頂峰。中年人並不是站在心理韌性逐漸強化的緩坡中點，而是站在一座韌性之山的頂巔。年輕人比中年人容易罹患心理疾病，老年人在罹患心理疾病之後比較容易復發；說實話，中年人就是比較能處理各種狀況。這些部落的供應者、熱情的文化傳承者實在太重要了，因此他們演化成了人類生命這場大混亂中的穩定之島。

第十二章　所以……中年心智活躍的祕訣是什麼？

這本書的中間三分之一都在討論中年人體的一個器官。這或許有點失衡，但我認為那麼強調頭腦，其實情有可原。

我之前說過，頭腦是我們人類和其他動物的關鍵差別，就是頭腦讓人類有了根本的不同。雖然人類還有其他與眾不同的地方——例如用兩腳走路；雙手靈巧，能製作工具；擁有奇特的社會行為與性行為——但上述這些都取決於演化出了那個容量驚人的頭腦。我們將在這本書的最後一部分，看到人腦如何強烈支配我們其他的生物現象。

我偏重頭腦，還有另一個原因：因為我覺得親愛的讀者，你會對頭腦特別感興趣。畢竟你的頭腦遠比其他器官更能代表你。你的自我和性格都根源於頭腦，頭腦也是你感知及理解外在世界的工具。此時此刻，我的文字正跳進你的頭腦裡。等你來到中年（或許你已經是中年，或曾經是中年），中年這個現象的特徵將是（正是／曾是）正在改變的頭腦、身體和外在世界之間持續的交互作用。

除此之外，中年這個人生階段裡，頭腦也變得更重要了。隨著生理和生育的特性衰退，頭腦將驅使我們迎向光明而有生產力的未來。其實在中年時期，許多人認為自己的頭腦是身上最「有價值」的資源，是他們最好的貢獻。

在有關頭腦的講述告一段落之前，我想用不同的觀點來看看近年和中年頭腦有關的發現。目前為止，我們仔細研究了認知、時間感、性格、快樂和心理韌性，不過我通常「著眼於平均值」，這是常見的科學方法，像是一般的中年人和一般的年輕人不同，或是平均來說，中年男性和中年女性有些差異。這方式沒什麼問題，只是沒有人過著平均的人生，更沒有人是平均的中年人。中年頭腦發生的各種情況都有差異，所以有些人幸運，有些人則否。我們都知道人生不公平，但這不公平的情形在中年變得格外嚴重。人們的希望、能力和成就在中年或者成功，或者失敗，而且常常不是他們的錯。

所以，別再看平均了：個別的情況如何？究竟是什麼決定了個人的頭腦和心智在中年的變化？由此推知，我們人生的四、五十歲又將如何？演化將中年超級供應者和文化傳承者的角色強加在我們身上，我們各自要怎麼適應這些角色？

中年時期，不公平的狀況屢見不鮮。有些人在人生中有了驚人的成就，有些人則否，而中年正是我們接受這個事實的時刻。畢竟在剩下的歲月裡，可以改變情勢的機率不斷降低。目前為止，我對人類心智的許多方面都非常正向，但中年的心智雖然可能進步，卻也可能衰退。此外，進步和衰退的情況在中年似乎會保持下去，人與人之間的差異因此不減反增。

不公平這件事本身就無法預測。不過研究顯示，有些共同因素能幫忙維持活躍的中年心智。有幾個因素可以控制，雖然我們對許多因素都無能為力。以下是幾例：

一、**處在社會階層的上層**。社會經濟地位對中年及之後的整體身體健康狀況，有著強烈的正面影響，而這對心理表現和穩定性似乎有很強的間接影響。比方說，我們知道重大的身體疾病會造成嚴重的認知能力衰退。同樣地，憂鬱症發作之後復發的情況，比較容易出現在也有身體疾病的人身上，或是社經地位比較低的人身上。由於這些效應，許多已開發國家的人口統計圖，就是由社經成就高、健康狀況良好、中年幸福感強的地區，和社經地位低、健康狀況差、中年幸福感弱的地區交織而成。

二、**受教育的時間長**。社會經濟地位和教育有強烈的相關。研究者喜歡研究教育狀況，因為這個因素相對之下比較容易量測。只要問受試者當全職學生到什麼年紀，就能產生簡單、明確又有用的數字，可以用於統計計算。比方說，教育程度和身體健康、正面情緒，以及之後人生中認知能力的維持有明確的關聯。雖然因果之間有爭議，但分析顯示，教育程度好的人做出的人生決定，會讓他們中年時身體比較健康，進而促進中年的心理功能。（不過這並不能排除受教育比較久的人，他們的認知能力有可能注定比較好；也無法排除教育的過程本身，或許直接促使中年擁有有益的心智運作。）另一個現象是雙語能力，或許多少算是教育的一部分。擁有雙語能力對認知有明確的益處，尤其是注意力。驚人的是，這個正面效應會延續到中年，歷久不衰。

三、**有工作**。雖然很難切割就業和社經地位、教育的影響，但是有些證據證明，收入較高的白領工作通常會促使認知維持彈性。或許我可以換句話說，耗費心力的工作會讓中年人不會僵化。研究也顯示，中年工作對女性特別有益，許多女性照顧子女一段時間之後「重見天日」，進入勞動市場。不過研究也顯示，工作和許多事一樣，應該適可而止。有明確的證據顯示，長時間工作（每週不只四十小時，而是五十五小時）可能對中年人的推理和語文測驗結果，有負面的影響。

四、**身邊的人能肯定你**。社會觀感對中年人如何看待自己的工作成就非常重要。雖然人生很少在中年結束，工作卻常在中年畫下句點，而職場常常是年齡歧視的溫床。年齡歧視會對人的機能產生可以量測的實質影響，有些驚人的研究顯示，如果年長者在測驗之前看到和年長者能力有關的正面影像，他們認知測驗的表現會比較好。

五、身為女性。性別是影響中年認知轉變之旅的一個主要因素。中年的情緒、心理健康改變，對女性的益處或許不如男性，但女性的認知改變或許比較有利。女性在中年的認知能力進展，似乎稍稍勝過男性，而女性也稍晚才達到「認知之丘」的巔峰。中年女性一些認知的面向（例如感知的速度）提升得比較少，不過這反映的可能是兩性之間獨特的演化適應差異。由簡單的觀察可以看出，女性人類的身體並不是發展來在廣大的地區狩獵和採集，所以女性的頭腦比較不適應這類活動，或許也不奇怪。而這些古代人類慣有活動之間的差異，或許也能解釋認知能力的性別差異。中年女性和在人生的其他階段一樣，語言、意義的表現比較佳，男性則在視覺、空間表現比較佳。

六、維持健康。雖然我們對自己的性別無能為力，或許也覺得對自己的社會經濟地位、就業狀態或教育程度都無能為力，但中年心智有個人生的面向是我們的確能主動改變的，那就是健康。中年的健康狀況顯然有不少「無法控制」的遺傳和社會因素，但中年時期刻意的改變至少可以改善這個面向。有些身體健康和心智能力之間的關聯意外地明確，例如肥胖就和「語意」的記憶（指我們對周圍世界一般、日常、非個人的記憶）減退有關。相反地，體能活動和中年的認知功能較佳有關聯，需要用到社交或認知能力的休閒活動也有同樣的表現。心血管健康也和認知功能較強有關，例如有些還沒造成明顯症狀的心血管變化（包括高血壓），對心智功能仍然有負面的影響。不出所料，血液中的膽固醇量和中年的認知衰退有關，不過進入老年之後，這個關聯性就消失了。或許是因為許多有心血管疾病的人在中年過世，所以年老的族群已經排除了血管疾病損害腦功能的傾向。

七、飲酒。飲酒對於心智運作有超乎意料的影響，有些影響會讓貪杯的人深受鼓舞。雖然酒精和肥胖與健康不佳有明顯的關聯，而且也可能讓身心健康有問題的人產生化學依賴，但酒精恐怕不全然是個反派角色。比方說，有個試驗性的證據顯示，酒精能稍稍降低某些人罹患心血管疾病的風險。有些研究顯示，每星期至少喝一杯含酒精飲料，能改善中年人幾種認知測驗的表現，增進認知彈性，甚至能增進認知速度（當然不是喝酒之後立即的結果）。酒精可能的好處似乎在女性身上比較明顯；而且驚人的是，大量飲酒（超過英國政府建議的飲酒量）仍然有同樣的結果。這些發現顯示，我們探討中年人攝取酒精時，需要採用複雜的方式——酒大概是我們從前演化的歲月中，最常接觸到的大量自然藥物。我們在古代偶爾吸食發酵食物的行為，會在基因裡留下有益的傳承嗎？

八、投對胎。最後一點，認知能力是遺傳性狀；如果說人類會對心智能力的哪種面向避而不提，那一定非這個概念莫屬。許多人聽到智力（促使我們成功的主要特質）有部分受遺傳的基因控制，都會有點不安。因此，討論這個議題常常會變得情緒化，這情況在科學的其他領域很少發生。但如果認知能力對人類那麼重要，卻又不能在某種程度上可以遺傳，那就奇怪了。畢竟，如果不能遺傳，認知能力就會是發展中的人和環境互動的結果，但這樣的互動又不明確，全憑偶然。認知能力是人類這個物種固有的特質，所以多少也是所有人身上理所當然固有的特徵，像各種其他的事一樣，被滴答響的遺傳發育「生命時鐘」加諸於我們身上。其實有些研究者提出的證據顯示，中年的認知能力屬於人類最能遺傳的性狀。基因遺傳任意將某些人類特質不均等、不公平地分配給不同的人，這些人類特質的清單包括了美貌、健康和老化的速度，現在我們可以把中年認知能力也加到這個清單上了。

中年的心智十分符合我們中年的三特徵：明確、獨特，而且有些心智會經歷的改變可能很突然。不過，無論中年心智最後變成什麼樣子，我們都必須在中年時期退後一步，探索這一切的神經、精神與情緒改變對我們本身有什麼意義，以及對人類社會有什麼意義。擁有中年的心智是什麼感覺？這樣為什麼會使中年人擅長那些事——他們為什麼能那麼有效率地提供資源、進行溝通，他們為什麼似乎統治了世界？思考這些問題時，我們也看到中年的行為如何根植於古代人的日常生活之中。

在探索的過程中，我們要記得，中年的心智並不是孤立於一切而存在。世界上也充滿中年之外的人，年輕人和中年人的完美互補因此變得顯而易見。我們之後會看到，一旦破除了人們對於中年的某些陳腐觀念，採用較偏向演化的角度來探討，那麼在人類突飛猛進的發展過程中，中年所扮演的角色就顯而易見了。

中年讓人變得固執己見、易怒的說法，正是這類陳腐觀念的好例子。許多先前的研究強調，中年人遇到意見不合的時候，比較容易堅持己見，也偏好維持現有的常規和程序。也有人聲稱這種死板的態度，加上誤判別人態度的傾向（尤其是誤判年輕人的態度，年輕人常常被這種頑固的表現激怒），造成許多人類社會的衝突。

然而，我們已經看到，中年人的確常有優越的認知能力，情緒的反應可能比較小，對其他人的情緒也沒那麼敏感。那麼，如果中年人的確固執己見，我認為他們其實有演化上的好理由。中年人控制了大部分人類社會的日常活動（甚至看起來是由「老人」黨派統治的社會也一樣），所以他們的果斷與堅持有助於維護自己的既得利益。另外，如果中年人的主要功能是傳遞文化（最廣義的文化）給年輕世代，那麼某種程度而言，他們必須「固定」自己認知中要傳承的文化的意涵。中年人必須將自己眼中能代表人類文化的事物，連貫而不變地傳承下去，所以技術、科技、態度、信念和藝術，就必須在某階段整理成固定的形式，才能有效率地傳授給後繼的世代。然而，因為中年傾向於「固定」自己對文化的看法，中年人有時在年輕人眼裡會顯得難搞又不知變通。其實，某些古怪的行為似乎被中年人視為正常，如果男女伴侶接受、模仿並強化彼此古怪的怪癖，這過程會進一步加劇——這過程有個很妙的名字：「行為傳染」。

雖然如此，有些研究仍然認為，中年人其實不像從前說的那麼無法變通，或者他們不知變通的情況其實很輕微。有些證據顯示，人在中年時期會變得比較討厭風險，因此不那麼樂於做出獨立的決定。所以，如果他們真的變得固執己見，那是因為他們發展出一種傾向，想在做出決定之前固執地尋求共識，這和中年人常常被指控的專橫獨斷大不相同。

中年頭腦除了改變自我堅持和做決定的方式，也擅於將注意力轉向內在。發展出自我批判的能力通常有益，偶爾有害，但不論如何都是成長為完整人類時不可或缺的過程。其實，分析自己的能力和弱點、成功和失敗，以及剖析自己思考過程的能力，是人類生命的一大關鍵。如果成年人做一件事失敗了，他們立即的反應是不會固執地再試一次，而是花時間努力思考自己的表現，思考哪裡出了錯，未來怎樣才能成功。

中年時，這種自我分析有了一種新風貌。中年人常思考四十歲之後感受到的能力喪失（有些人甚至覺得需要為此寫一本書）。不過，中年有些狀況的確會導致這樣的自我檢視。舉例來說，從工作和成就的角度來看，中年是最有挑戰性的人生階段——中年人常覺得自己還得辛勤工作許多年（這點有別於老人），又擔心自己的體能和心智能力逐漸衰退（這點有別於年輕人）。另外，第二次世界大戰後，數十年間盛行的那種雇主與雇員之間永久、合作式的雇用關係，以及豐富的老年資源已經消失，今日中年人的處境因此意外地危險。中年人對自己的能力和活力常常還像年輕時一樣樂觀，更使得這一切的自我懷疑更加惡化。研究顯示，雖然中年人還能清楚記得自己五年前的人生是什麼樣子，但他們對二十年前的回憶卻常常很模糊，這表示中年人比較的或許是自己和那個並不存在的美好過去。

當然，這一切自我批判和擔憂的反面，是中年人能看清自己的強項，專注於自己發現的正面事情。而社會經濟地位和工作性質，對於人對中年的看法似乎影響很大。藍領工作者通常說中年開始於四十歲，白領工作者則通常選擇比較靠近五十的數字，這表示中年不只是一系列獨特的生物變化，發生在不同人身上的時間稍稍不同而已；中年似乎也是一種心智的狀態。

自我分析也是中年人可以成功和年輕人互動的關鍵，而人類這個物種能持續成功，這種互動再重要不過了。就是非常不同的兩群人（青少年／青年，和中年人）持續相互作用，才造成了人類的社會和文化。人類自有史以來，年輕人一直擅於創新、創造和文化變遷，中年人則擅於分析、計畫、組織和文化延續。這種思考方式的專門化現象，並不是社會強加的結果。我們的頭腦在不同生命階段會發生結構和功能的改變，而思考方式的專門化是腦部改變無可避免的後果。年輕時，你不得不有顆年輕的腦子，而你同樣無法避免頭腦進入中年。我們無法選擇人腦在成年時持續發育的情況，這在受精時就已經刻在基因裡，無法抹滅。因此，直到今日，人類的兩大年齡世代之間，仍然存在一種焦慮而永無止境的權威之爭——年輕人努力要改變狀況，中年人則努力維繫過去最理想的做法。

中年人要參與這種爭奪，就得跟上更年輕、更聰明、反應更快的人，時常還得領先他們。但該怎麼辦呢？我認為，中年人不是靠「經驗」勝過年輕人，而是靠我們可以稱為「洞察力」的特質。研究證實，中年人特別擅長「見樹也見林」。實驗顯示，他們可以握有更大量的資訊，也可以「退後一步」，用全面的角度，將事情放在脈絡中思考，不會被細節迷惑。比方說，從中年打字員得到的證據顯示，雖然他們打字的速度不像以前那麼快，但腦中可以記住的字串更長了；研究中年工程師的結果顯示，他們更能篩選新資訊，簡化問題，避免混淆；中年的業務員可以隨著年紀增長，而自然發展出適合的全新推銷方式，使他們更成功。

這一切的適應行為都能降低腦力工作需要的能量，我們之前也看到了，中年人的能量效率非常高。中年人也比較擅於委派工作和職責，也許是他們擁有全面的洞察力，因此比較容易指導其他人，尤其是年輕人（管理顧問喜歡研究這類的事）。他們不只覺得解釋需要做什麼很容易，解釋如果共同的目標要成功，某些工作為什麼很重要，對他們也不是難事。古代人的生活離不開合作，部落很清楚中年人和年輕人都有不同的技能可以貢獻，所以會合作達到某個共同的目標。新發現的中年洞察力還有另一個好處：它讓中年人容易釐清優先順序和目標，這種能力我們從前或許就稱為「智慧」。

許多中年的行為（身為一個中年人是什麼情況，或是和中年人互動是什麼情況）可以追溯到演化史的過去。例如，我們認為，中年人的主要角色之一是暫時離開族人，勤奮地取得資源。這或許解釋了為什麼中年人在週末喜歡離開家，處理他們最愛的具體或抽象事物，有時獨自一人，有時則在清一色男人的友好放鬆氣氛裡，待在河岸邊、運動場、車庫，特別是心愛的小屋裡。

或許有人擔心，中年的這種認知改變和兩代之間的鬥爭會阻礙人類的進步，尤其在現代世界，文化改變的速度太快，劇烈放大了年輕人和中年人的歧異。雖然如此，但我認為兩代之間的這種衝突其實有好處。它會造成一種張力，而這張力在人類生命中持續帶來生產力和創造力。少了年輕人，永遠不會有什麼變化；但少了中年人，將不會有文化記憶，而人類的生命將變成一團混亂。有益的人類生命必須在改變與延續之間求得平衡。畢竟，如果沒有老一代的人讓年輕人叛逆，年輕人要拿他們的時間做什麼呢？

第三部

年紀愈大，膽子愈大：四十歲之後的戀情、愛、性、嬰兒和人生

亞伯拉罕就俯伏在地喜笑，心裡說：一百歲的人了，還能得孩子嗎？撒拉已經九十歲了，還能生養嗎？

——《創世紀》17:17

第十三章　性事告終？（概論）

人類古怪至極，最明顯就是在性與愛的困境。想要了解中年的性事更是令人挫折，因為有太多人類的獨有特質在其中匯聚、衝突。中年的性事沒有美妙到令人沉溺，又沒討厭到令人退避三舍，所以我們通常只會拿這開開玩笑。中年的性與愛，仍然是令人混亂的衝突力量糾纏成的一個結，這些力量支配了我們人生中間的那幾十年。

我們得花最後六章解開這個結，不過核心的矛盾其實很簡單。人類四十歲之後生的寶寶，遠遠少於四十歲前的二十年間，而且向來都是如此。然而我們常常活到那歲數的兩倍，我們前面也看過了，人類大部分的歷史上大概也是如此。那麼，四十歲之後的性和男女關係是什麼情況呢？不會再生孩子了，那麼性有什麼意義？我們之後會看到，中年時的戀情和性終於排除了生育的意義，就此揭露人類性狀態真正的本質。性事一旦失去產生寶寶的功能，剩下的一切就是人性。

我們探討這些問題時，我會繼續用演化生物學方法，因為描寫人類這個物種極其古怪的特質，最能讓我們了解生命塞給了我們什麼。今日中年人的男女關係是數百萬年天擇的直接結果，天擇淘汰一些人，讓另一些人興盛。我們是存活下來的古代人的後裔，那些人之所以能存活，是因為他們得到某些強烈的推動力。這一切嚴苛演化的驚人結果之一是，男性與女性變得非常不同，兩性之間的差別大得誇張。我們追求不同的事物，我們的需要不同，處理人生的方式也大不相同。有時我們會發生衝突。

接下來幾章裡，我們會敘述到，中年時期生育力逐漸衰退的時候，性行為、女性的性生活、男性的性生活，以及製造寶寶的能力，這四種基礎的生殖驅力發生了什麼事。最後，我們會把重點放在這些變動怎麼影響家庭和戀愛關係本身。

那麼，中年人的性行為多頻繁呢？簡單來說，他們的性行為恐怕比年輕人想像的頻繁。

一九四〇、五〇年代，美國早期性生活的研究顯示，異性伴侶從青年時期到中年時期的過程中，性生活的頻率劇烈下降。有趣的是，伴侶之間所有可能的性行為之中，陰道性交（也就是最可能產生後代的做法）減少的幅度似乎最大。當然，由不同觀點來看，這顯示隨著人類的年齡增長，不會產生寶寶的性行為在選擇之後被保留了下來。顯然，有些什麼取代了繁衍，成為進行性行為的主要原因。我們之後會再回來討論這個想法。

一些比較近期的研究特別以中年為主題。一個美國的研究顯示，即將從中年「畢業」（五十七到六十五歲）的人之中，有七三%表示他們的性生活很活躍，這數字在二十年之後跌到二六%。不過要知道，那個研究也顯示，青年的性生活未必真的那麼活躍，因此中年的性生活相對之下可能就算是生氣勃勃了。

然而，雖然還有性，不表示性事像從前一樣頻繁。長期婚姻的回溯性研究中，性行為的頻率據說在第一年會大幅下降，降幅高達五〇%。在這個早期階段，沒有婚前性行為的夫妻，性生活頻率減少得似乎更快。如果不用結婚日期，而用性關係開始的日期當作起始點，性行為似乎下降得更劇烈。更驚人的是，一開始的下降之後，性行為的頻率似乎會二度減半，不過這情況在接下來二十年之間，發生的速度遠比之前緩和。

這些頂多是平均數字，即使真是如此，個別夫妻的表現很可能和此結果有很大的差距。隨著年紀增長，的確有性關係時間長短之外的因素，會影響性行為的頻率。比方說，健康的中年夫妻和不健康的夫妻比起來，表現有性趣的比例多了五〇%到八〇%，而老年人常常把性行為頻率低落的原因歸咎於健康衰退。女性停經據說是很重要的因素，不過停經對性生活的衝擊仍然有爭議。實際年齡和停經的影響意外地難以釐清，有些人認為停經其實根本沒有直接的影響。另一個可能的原因是為人父母——常有人主張，有孩子會使性行為頻率急劇下降，數據確實顯示這是實際的影響，而且不是短期，是永久的。還有一些有趣的發現，例如不同人種的夫妻比同人種的夫妻更常有性行為，比較常爭吵的夫妻也更常有性行為。另外，表明要生孩子的確會增加性行為的頻率，不過成效卻意外不佳，即使比較年輕的成人也一樣。看起來就像人類區隔了性慾和生育的衝動，由演化的觀點來看，這是很危險的趨勢。天擇通常不會青睞「順其自然」生殖的動物。

人類真正想要多少的性，也是個重要問題。中年人的性行為頻率如果是青年的一半，這反映的或許是性慾減退，不過這部分的數據其實令人困惑。性行為的一個面向——陰道性行為的頻率，和女性的關係滿意度有高度的相關性；這種行為和女性表述的親密感、信任和愛有強烈的關聯。不過，在一個澳洲的研究中，直截了當地詢問四十到四十九歲女性對性的看法時，卻有超過四分之一的受訪者聲稱，她們並不關心自己的性生活頻率。另外，雖然研究顯示，男性比較遺憾性行為頻率降低，女性卻比男性容易擔心性的「品質」。性高潮的能力對女性也很重要，然而這究竟是性高潮本身的關係，還是因為性高潮通常代表極度重要的陰道性行為「成功」的頂點，還沒有定論。因此，我們對性行為頻率還沒有明確的結論，不過人們渴望的性似乎和他們得到的一樣重要。如果性行為的頻率符合期待，兩性都會比較快樂。

不論這些研究顯示了什麼，要注意，幾乎所有性行為頻率的研究，研究對象都是身處在現代化、後農業時代與後工業時代世界的人類。這也是理所當然，不過我們已經看到，大部分人類的歷史上，人類的生活和這樣的情況差異很大，我們是過去年代的演化產物，卻生在一個嶄新而「不自然」的環境裡。所以我們在現代中年人類生活看到的許多趨勢，其實都是我們所處的環境和社會造成的反常人工副作用。然而，我們對史前的性行為幾乎一無所知，所以我們其實並不知道那和當代的中年情慾有什麼不同。

不論人們怎麼詮釋這些數據，至少有件事很確定——現代的性事在中年變得比較不頻繁了。這帶出一個重要的問題：為什麼？

人類進行性行為的原因非常多樣，在動物界絕無僅有。其他靈長類雖然因為各式各樣與生殖無關的社會因素而進行性行為，人類性行為動機五花八門的狀況仍然驚人。除了可以生孩子，性行為還可以強化親密的聯結，改善（至少改變）他們的自我感覺，或是為了享樂，讓自己忘了疼痛或悲傷，為了叛逆，為了實驗，為了賺錢，為了表示權力或服從，為了開啟新的溝通管道，為了排解無聊……這個清單幾乎永無止境。也因此人類常常在無利於生育的時機進行性行為——女性生理週期中不會受孕的時期、懷孕中，甚至停經之後。或許人類性行為有八〇％或九〇％都發生在不可能受孕的時機，換作其他物種，會覺得這樣浪費精力很不可思議（母紅鹿每年可能只交配一次，性生活雖然平淡，卻仍會一年產下一隻小鹿）。人類性行為背後的動機複雜得驚人，因此研究中年性行為頻率下降的狀況更為困難。是哪些動機減退了呢？

身體和心理改變之間的關係尤其複雜。許多性生活有問題的中年夫妻，不知道這些問題是生理或是心理造成的，或者兩種原因都有。現在我們知道為什麼會這樣了——許多動物的性，是腦部可預期的原始訊號驅動的身體活動，但人類不只是這樣。人類的性幾乎完全發生在腦內。我們進行性行為主要是為了情感、社會或心理的原因，也難怪要區隔性和思想那麼困難。中年人或許覺得自己主要的性生活問題是生理問題（女性的三九％是陰道乾燥，三四％是缺乏高潮；男性的三七％是勃起障礙），不過事實未必是這樣。男性特別不願意接受中年性生活的改變有生理之外的原因，而女性則比較能接受心理的面向（例如四三％的女性指出，「慾望降低」是她們性行為減少的一個原因）。男性的態度比較簡單，沒那麼內省，卻比較宿命論。他們比較容易接受，生理的性功能衰退在中年無可避免，這種衰退或許會讓他們覺得比較沒有男子氣概。女性在意的事比較多，包括擔心失去吸引力，擔心生命的其他面向，以及擔心變老。不過，她們也比較能接受，性行為頻率下降未必對她們的女人味有不良影響。

雖然我認為，中年性生活改變的生理面向相較之下比較不重要，不過生理的影響確實也扮演了某種角色。首先，在大部分的哺乳類身上負責控制性行為的，是腦部深處的一群細胞，叫作「下視丘神經元」（hypothalamic neuron），這群細胞會隨著年紀增長而減少。不過這些細胞對人類的重要性可能很有限，因為我們人類把性「心理化」的本能，讓腦部其他更大、更複雜、更有韌性的區域，也加入了我們心理的性愛競技場。

中年性生活改變的第二種情況，是進入腦部的性訊息品質下降。我們由五官接受性刺激，而我們先前已經看到，中年的視覺、聽覺、嗅覺和味覺不再敏銳了。另外，觸覺對性興奮尤其重要，卻下降得最劇烈，我們分辨細微觸覺刺激的能力在中年會下降一半。

常常號稱在中年會造成性生活改變的第三種生理改變，是荷爾蒙濃度下降。舉個例子，很可能平均來說，血液裡雄性激素（例如睪固酮）的濃度，會在男性成年之後逐漸下降，不過當然不像女性停經時性荷爾蒙濃度陡降得那麼突然。不過，我們之後會看到，雄性激素下降的症狀並不是所有男性身上都一致，而且未必是壞事。高濃度的雄性激素在實驗調查中，也和侵略性、低成就、被女性評為糟糕的性伴侶或配偶有關。

所以，性行為頻率下降的生理原因其實被高估了，而且根本不普遍。許多中年人的性生活很活躍，有些甚至比年輕時還要活躍，他們對性生活的滿意度通常比較高。大部分中年人的性生理系統其實還一切正常，絕對不足以形成阻礙，所以性的生理機制，顯然不是預設在中年衰退到無法運作的狀態。「生命時鐘」（引導我們直到中年仍持續發育的遺傳程序）讓這些性機制在夫妻失去生孩子的能力之後，仍然能繼續運作。這個證據能明確證實，人類性行為的意義遠遠不只是生育。

相反地，性的心理面向最容易改變。與性老化有關的心智運作和性交的機制不同，極度複雜。研究中年人對性生活改變的反應時，他們因應的行為讓我們一窺盤據其心思的曲折思考過程。例如，中年女性常說，她們擔心自己不再吸引人，或陰道肌肉鬆弛，會讓伴侶對性生活失望。男性很少舉出這些問題，但他們的確認為，伴侶在性交時看起來不享受或沒反應是個問題。中年男性常常擔心勃起能力衰退，不過這種心態造成的壓力，本身就可能導致勃起障礙。許多女性抱怨，她們最擔心的並不是伴侶意識到勃起問題，而是這種想法使得伴侶對性交和親密關係卻步。頭腦處理性老化的能力顯然不如身體。

中年性生活頻率降低常涉及一個主題，那就是我們對老化本身的觀感。當然了，老化本來就是不公平的過程，我們都知道老化容易減少人的魅力。有些人在中年尾聲時仍然迷人，有些人早在四十歲就明顯衰老了。雖然研究顯示，臉部的吸引力比身體的吸引力持久，但無論是臉還是身體，吸引力最終都會下滑。在此，我們可以看到許多人會想逃避的三個問題：中年人的性生活減少，是因為他們覺得伴侶沒那麼迷人了嗎？還是因為他們認為伴侶覺得他們沒那麼迷人了？或者是因為他們覺得自己沒那麼迷人，所以比較沒心情做愛？

這些問題之所以討厭，一個原因是我們都知道老化對女性特別不公平。我們老是看到男性演員和新聞播報員的職業生涯比女性同業更長；有些研究顯示，年齡增長對女性魅力的影響多於男性（評估者有男有女），更證實了這個說法。男性比女性能接受皺紋和灰髮，不過為什麼呢？有人認為是西方媒體把我們逼到這個處境，說得輕鬆，但世界各地從古至今都迷戀女性的青春，看來這情況比較可能反映了我們腦中根深蒂固的喜好。

說實在的，演化理論指出，男女在異性伴侶身上尋求的是不同的東西。這樣的差異起自於兩性對後代投資程度的差異。要成功養育一個孩子（這是天擇的重點），女性必須投注極大量的時間、能力和關注，別無選擇。男性要達到同樣的目的，則有一些選擇。男性可以在一名女性的子女身上投資很多，也可以更廣泛地播種，在每個後代身上投資相對而言比較少的資源，也可以走中庸之道，兩種都來一點。女性必須投資那麼多，所以許多動物發展出一套性生態學，使得重要資源（例如食物和棲身之處）的多寡支配了雌性的行為。雄性雖然表現相同，不過對雄性而言，最重要的資源是雌性。

由於這些天生的差異，在大部分人類文化中，女性青睞的男性都擁有所有的健康遺傳指標（高大、英俊、魁梧、臉孔和身體對稱），而且有跡象顯示他們已經準備好要投資自己的孩子（地位、智力、情感承諾）。男性的年齡比較不重要，因為男性一生都有生育力。比較年長的男性顯然擅於生存，可能也累積了歷年獲取資源的紀錄，這特質本身就很吸引人。這種吸引力當然有極限，因為六十歲以上的男性很可能在子女仍然需要資源時就死去。而且非常老的男性可能藉著在重要事物上投資比較少（例如生育），才活到高齡。不過，無論怎麼看，中年男性都是很安全的選擇——理論上很性感，因為他們還保有年輕人大部分的優勢，同時又擁有老年吸引人的特質。

男性尋求伴侶的根據則完全不同。首先，如果他們只打算在一個孩子身上投資幾毫升的精子，按理論來說，他們相對而言應該比較不在意孩子生母的特質。更可能的狀況是，如果他們打算在子女身上投資一定程度的資源，那麼應該會偏好有健康遺傳特徵的女性（美麗、有女人味、臉孔和身體對稱），以及性關係忠誠。而這就是生命對女性不公平的地方了——男性受女性吸引，和她們過去的紀錄無關，而是因為她們的潛力——一個女性如果年輕，生育的潛力當然比較高，距離不能再生孩子的時間比較久。所以，根本就不公平，人們看待中年男女的角度天生就不同。事實上，有些中年女性抱怨，她們在異性眼裡，甚至在社交上都變「隱形」了。

人們如何看待男性氣概與女人味，在中年時期恰好也對女性不利。男性氣概和女人味這兩個名詞聽起來或許模糊，不過我指的是一些訊息（通常是視覺訊息），我們覺得某些人身上的這些訊息有吸引力，因為這些訊息明確顯示他們屬於男性或女性。男性氣概的訊息包括明顯的肌肉、突出的下巴、寬闊的胸膛、臉部毛髮和低沉的聲音，進入中年的時候，這些特徵都不會受到多少影響。女人味的訊息則包括面貌「開朗」、線條柔和的臉、潔淨平滑的肌膚、濃密的頭髮、肌肉不明顯、有腰身，四肢圓潤，其中許多都是我們眼中和年輕有關的訊息。中年時期，老化的過程會直接衝擊這些女人味的特質。

然而，雖然到了中年，兩性的前景開始顯得截然不同，卻有其他的影響可能讓雙方扯平一點。首先，男性大概把智力視為女性遺傳健康的指標。我們之前看過，中年時期的認知能力很可能上升，而且女性或許尤其明顯，所以女性吸引力的這個部分有可能變得更重要。第二個因素是，許多人類男性做出「高尚」的選擇，在單單一名女性的後代身上投入大量資源。這樣的「一夫一妻」是不是男性的正常狀態，我們之後會再討論，不過任何延長父母投資子女的傾向，都會使得男性族群更欣賞他們必須共度大部分人生的中年女性。第三個會讓男女「扯平」的影響，就某種程度而言可說是第二點的相反，那就是女方的行為表現可能常常比男性預期的炒短線。有些接近生育年限的女性會冒險做出最後嘗試，和具遺傳優勢的男性發生性行為，即使她不期望那名男性會投資她的孩子；我們在之後的一章裡會看到，她們的行為或許有些道理。

所以，中年的性交頻率減少，真的是因為失去吸引力嗎？我很懷疑。要知道，男性和女性都覺得中年異性很有吸引力，我猜想，隨著自己接近中年，他們也更容易覺得中年人有吸引力，不過目前還沒有任何研究支持這種論點。二十年前，我不會想和四十歲的人結婚，不過目前我非常滿意這樣的狀況。進一步推想，有沒有可能中年人會經歷特別的心理變化，改變、更新了他們欣賞伴侶的愛情與性的眼光，因此雖然歲月流逝，他們會覺得自己的伴侶依然迷人呢？我不知道這樣的改變有什麼神經機制，不過這在演化學上十分合理。一對夫妻可以在四十歲時懷孕生子，照顧孩子到六十歲，他們在伴侶身上投資很多，也和伴侶一同投資很多，所以他們的頭腦在那段期間自我更新，使得伴侶在他們心目中還像以往一樣誘人。

中年人經常被誤以為對性無能為力，但顯然除了性交頻率會降低一些以外（情況因人而異），中年人的性生活其實意外活躍，而且在中年與其他年齡層的異性眼中，意外地迷人。他們還能恣意享受演化給我們的一個小恩賜。大部分動物的性行為很短暫，有些哺乳動物的性行為常常不到一秒；不過人類可以持續很久，而且過程愉悅，人類這種動物有很多天敵等著趁他們不備時吞下他們，所以對人類而言，性行為的時間其實長得驚人。人類性交這麼從容，充分顯示人類性交除了生育，還具有社會與心理的目的——人類性交的時間很長，是因為其他目的非常重要。性的實質功能大幅衰退，當然表示中年人性交的時間比其他人更長——很少人會對此不滿。

不過，性交頻率在中年的確稍稍下降，這情況明顯的影響就是懷孕的可能性變低了。不過人類為什麼要有預設的限制，用這種方式降低生育力呢？雖然看似奇怪，不過我們之後會看到，這樣自我限制生育力其實很典型，是人類四、五十歲時的生命主題。

第十四章　為什麼女人的生育力就這麼「關掉」了？

停經和其他靈長類雌性生殖力衰退的情況有根本的不同。
——琳達·瑪麗·費地根（Linda Marie Fedigan）與瑪莉·帕弗卡（Mary Pavelka），《停經的體質人類學》（*The Physical Anthropology of Menopause*），一九九四年

我們之前討論中年時，一直刻意忽略停經這個顯而易見的事實。不過我們再也無法迴避了。

停經在我們文化中有著曲折的歷史，既被視為「雌激素不足」的症狀，亂交或教育程度低落的懲罰，自找的不孕，沒能支持丈夫和家庭的懲罰，需要藥物干預的身體失調，甚至有位二十世紀女性科學家的名言，說是「死了一半」。常有人認為男性也應該畏懼停經，因為大自然藉著停經，明確無情地提醒他們自己也會衰老、死亡。

不過，停經會引起我的興趣，是因為它從生物學的觀點看起來很迷人，停經的種種方面都異乎尋常，而且在種種方面證實了我一直以來對中年的看法。停經完美地符合明確、突然、獨特的三特徵——沒有其他過程比停經更固定地發生在中年，在時間上那麼突然，又是人類獨有的特色。雖然潮紅的經驗和荷爾蒙療法的意義很重要，不過如果只關注這些面向，則會錯失停經的生物學意義。停經的自然歷史能告訴我們不少人類物種起源的事。我希望藉著質疑六個錯誤的假設，讓你開始用不同的目光看待停經。

迷思一：大部分的雌性動物都會隨著年紀增長而停止生殖

許多人思考這種事時，大概會認為大部分年老的雌性動物都會停止生殖，認為仁慈的大自然會讓年長的生物免除生育和撫養後代的累人壓力。不過人類女性的生殖模式（二十五年間的生育力都算不錯，最後急劇下滑而終止）其實是個例外。比方說，科學家悉心照顧雌性的牲畜，讓牠們達到老態龍鍾的老年，然後發現，雖然牠們生殖能力（發情週期的規律程度、受孕的機率、後代的活力）只會稍稍下降，但牠們的生殖壽命並不會突然結束。完全不會發生女人「生育力陡降」的那種突然狀況。

或許有人覺得，和我們關係很近的動物應該有比較明顯的更年期現象，的確，靈長類更年期的證據稍微強一些。許多雌性靈長類的生殖力的確和人類一樣，會隨年紀而衰退，經過一個週期不規律、生殖力低落的階段，最後停止生殖。不過，這不代表這些動物真正經歷了「自然」的更年期，我們應該把這些發現放在這些動物生命歷程的脈絡之中。非人類的靈長類雌性，生殖力的終點難以預測、差異很大，而且常常發生在年紀極大的時候。那是一段逐漸衰退的過程的尾聲，而人類女性的這個過程時間精準、可以預測，所以兩者差異很大。最重要的是，那些物種的生殖力會維持到牠們自然的平均餘命結束時，甚至更長——在野外，生殖力幾乎永遠不會消失。相反地，女性停經的平均年齡是五十到五十二歲，我們在前面已經看到，人類出現在地球上的歲月中，常常活到遠超過這個歲數。所以，人類女性和其他靈長類的雌性不同，活到成年的女性大部分都會自然經歷停經，而停經在她們的生命藍圖加上了一個「後生殖期」的漫長新階段，我們的類人猿近親身上可沒有這種現象。這種與眾不同的現象當然需要有個解釋。

如果停經是人類獨有，那麼既然沒得比較，應該很難研究。然而，的確有幾種動物在死亡的很久之前會經歷更年期，包括殺人鯨和領航鯨。其實，更年期後的鯨魚有時候活得比停經後的女性更久。我們之後再來看這些更年期的海中生物。

迷思二：停經是女性停止生小孩的時候

停經之後，女性就不能自然懷孕，不過女性通常在停經之前就已經無法懷孕了。

麻煩的是，停經只能靠著回溯來定義——十二個月沒有月經之後，才能將最後一次月經來潮視為停經的時間。定義會這麼扭曲，是因為最後一次月經週期停止之前，通常會有幾年不規則、不穩定的來潮，排卵失敗時，有時跳過一到數個週期，有時則是週期延長。在此同時，卵巢珍貴的卵子庫存量逐漸減少，卵巢也漸漸萎縮。這種停經前的改變和停經不同，是斷斷續續的漸進過程。女性的週期時常走走停停，緩慢中止。

雖然有些改變是從三十歲就開始，但生育力在四十歲之前不會受到太大的影響。在那之後，女性的生育力會降低到非常難懷孕的程度，這主要是因為她們的週期太不可靠，所以不再能精心計畫性交、排卵、受精、成功懷孕這個環環相扣的生物過程。

之後，我們會探討已開發國家生子年齡在最近的改變，不過女性生育力（女性懷孕的實際能力）的故事在世界各地都如出一轍。生育力通常在二十歲左右達到巔峰，之後到四十歲之間，只會緩慢下滑。接著生育力才會真的消失，這發生在中年時期的早期。再過至少十年才會停經，而生孩子的事在更早之前就已停止（八〇％的女性在四十五到五十五歲之間停經）。雖然近年來生子年齡的趨勢在改變，但是四十三歲之後生產的女性相較之下仍是少數；而停經通常發生在五十歲之後。因此，停經時通常不是生育能力消失的時候——生育能力早已消失，停經只是確認了這件事。

迷思三：停經發生在女性的卵子用完的時候

這一點很難解釋。這件事容易令人混淆，何況我們其實不知道卵巢明確的運作方式。不過有件事倒是很清楚——停經時，卵巢裡還有剩下卵子。雖然不多，不過的確還有。甚至卵子減少會直接導致停經，也是誤導的說法。真想知道為什麼少數那些看似健康（都可能變成寶寶）的卵子不再派上用場。

讓我們想想數量的事吧。女性在十五到五十五歲之間每月排出一個卵子，需要大約四百個卵子。當然了，沒有任何女性會那麼準確。女性懷孕時，月經週期會停止；青春期和四十歲以後，月經週期並不規則；有些月經週期會排出一個以上的卵子，或是根本沒排出卵子；女性也會用避孕法抑制排卵。不過，我們仍然要記得四百這個數字。雖然真正排出的卵子只有區區四百個，不過女孩剛出生時，其實有幾百萬個卵子的庫存；女性胎兒卵巢裡的卵子就是這個數目。不過停經時，這數目只剩下小小一部分（大概幾百吧？），那麼其他幾百萬個卵子到哪兒去了？

要知道，女性庫存的卵子之中，真正排卵（從一側卵巢冒出來，進入輸卵管）的非常少。大部分的卵子不是發育之後消失，就是根本還沒發育就消失——這個過程稱為「萎縮」（atresia）。其實，青春期時卵子的數目已經削減到五十萬以下，這時甚至還沒開始排卵。萎縮的過程在接下來的幾十年中毫不減緩，停經時剩下的卵子那麼少，不是因為逃過一劫的少少幾百個卵子在排卵時釋出，而是因為萎縮的過程。其實如果四十歲的女性可以設法停止萎縮的過程，剩下的卵子也許還夠她接下來一千年每個月排卵。

所以女性其實不會把卵子「用完」；有個受到嚴密控制的卵子死亡程序，小心地引導卵子的數量下降到月經週期無法持續的程度。我們現在才開始了解造成卵子萎縮的基因和機制，但這個程序顯然必須經過非常精密的策畫。削減數百萬個卵子，使得卵子在一致的年齡準確地降低到無法運作的數目，這樣的成果令人歎為觀止。在我看來，這似乎不是老化的身體系統不協調的衰竭，否則，女性生育力停止的時間會遠比這樣不規則，有些女性則可能完全不會停止生育。相反地，萎縮是預先設定的規律現象，在停經之前就細心地削減卵子，這是發育的「生命時鐘」的表現。是這個決定了停經的時間，不是由粗略地將卵子耗盡來決定的。

迷思四：停經是因為女性的卵子用光了

即使卵子的數量很少了，也不會直接導致停經。

藏有卵子的濾泡和垂在腦部下方的腦下垂體之間，消長的荷爾蒙交互作用調節了月經週期。腦下垂體分泌的荷爾蒙稱為「促性腺激素」（gonadotrophin），會刺激卵巢的濾泡成長，分泌自己的荷爾蒙，包括雌激素和黃體素。這些卵巢的性荷爾蒙接著反過來影響腦下垂腺，調節腦下垂體分泌的促性腺激素。不過，停經時會發生很奇妙的事——剩下的濾泡就這麼不再對促性腺激素做出反應了。這些濾泡看起來很健康，裡面的卵子應該也算健康，但不論這些濾泡接收到多少促性腺激素，都不再分泌性荷爾蒙。

因此，血液中的卵巢性荷爾蒙濃度下降（黃體素下降了九九％，作用強大的雌激素下降了八五％，睪固酮則下降了二九％）；隨著腦下垂體徒勞無功地努力想啟動卵巢，血液中促性腺激素的濃度會劇幅上升。這些劇烈的荷爾蒙變化大概造成許多停經的症狀，我之後會討論停經的症狀有哪些。不過重點還是，我們不曉得卵巢濾泡一開始為什麼會不再回應促性腺激素。剩下的那一點濾泡有什麼特別，為什麼讓那些濾泡不再回應促性腺激素？這問題很關鍵，因為這就是停經的原因。

為了找到答案，當然值得探討健康女性身上有沒有任何因素會控制停經的時間。吸菸會使停經的時間提前，或許是因為吸菸對濾泡有直接的毒性效應，而酒精的影響並不顯著。有些研究者發表的證據顯示，十九世紀的某些人口中，營養充足讓她們的停經延後發生；雖然這些發現沒有被普遍接受，不過有趣的是，現代的已開發社會裡，高社會經濟地位的女性也會延後停經。

另外也有一些研究顯示，排卵頻率較低可以延後停經。例如，一生中懷孕、哺乳時間比較長的女性，停經的時間會稍晚一點。而女性如果二十五歲之前月經週期不規律，或是用避孕藥抑制排卵，都會有停經時間稍稍延後的類似情形。這些結果或許不令人意外，不過別忘了，讓卵巢耗盡卵子的並不是排卵，而是萎縮。所以抑制了排卵時，萎縮難道也稍微減緩了嗎？考慮到這點就得說一下，許多人類學家認為，在已開發國家觀察到的生殖模式（女性生命中有三十年的時間都在定期排卵）其實是很不自然的狀況。例如，馬利共和國（Mali）的多貢族（Dogon）女性大多時候都在懷孕或哺乳，因此許多人只會排卵一百次。

愈深入探討停經的機制，這機制就愈顯得錯綜複雜。不過這麼重要、突然而明確的人類現象，錯綜複雜也是當然的。例如，濾泡減少的模式，或許不只是逐步而受控制地衰退，最後變得不孕的過程。計算健康女性的濾泡數量很困難，不過目前已有證據顯示，年輕女性的濾泡損耗緩慢，但在中年會加速，好像有個新的機制啟動，以確保濾泡主動犧牲，讓停經「準時」發生。相反地，科學家最近發現，人類成年時不只會失去卵子，還會製造卵子——卵巢裡有幹細胞會持續產生健康的新卵子和濾泡。補充濾泡庫存量的過程或許緩慢，不過照理說，女性每月只需要一個卵子就能受孕。當然，如果發現這些幹細胞在停經之後仍然會產生卵子，這現象或許就有重要的含意，表示年長的女性可能可以用人工恢復生育力。

停經後女性的生育力或許還有救的另一個原因，是生孩子需要的不只是卵巢。舉例來說，研究顯示，女性在停經之後，只要補充人工荷爾蒙，子宮就仍有能力負荷懷孕。另一方面，腦部和腦下垂體似乎也積極參與了催促停經發生的過程。停經前的那幾年，腦下垂體和腦部對卵巢分泌的荷爾蒙，以及腦部其他地方湧入的「促生育」化學物質的敏感度，似乎稍稍下降。因此，腦下垂體可能過度分泌促性腺激素，損害中年早期卵巢裡還存在的許多健康濾泡。因此，停經或許不只是卵巢的現象，也是腦部的現象。

不過，卵巢仍然令人大惑不解。為什麼停經時剩下的少數濾泡不再回應腦下垂體分泌的促性腺激素？它們怎麼知道除了自己之外，還剩下多少濾泡？這些疑問使得一些研究者開始探討卵巢怎麼「計算」剩下多少濾泡，因為卵巢似乎會做這種事。比方說，濾泡會分泌一種叫作「抑制素」（inhibin）的荷爾蒙，抑制素的濃度會隨著濾泡減少而減低，而停經前女性生育力不規律的下降，其實會受到抑制素濃度降低的影響。卵巢是用抑制素的濃度來合計剩下的濾泡數量嗎？這樣的計算結果決定了什麼時候停經嗎？

至少可以確定一件事——不是因為卵子全用光了，所以才停經。

迷思五：停經完全是負面的經驗

大家都知道停經對中年女性身體的影響，但為什麼會有這些影響，這問題比較神祕。我們假設大部分的變化是因為卵巢的性荷爾蒙濃度下降，腦下垂體的促性腺激素濃度上升，不過這個假設有時似乎不足以解釋停經時發生的事，或是不同女性更年期的經歷為什麼差異那麼大。

有些影響相對而言比較簡單明瞭。像是骨質疏鬆就說得通，雌激素可以維持骨質量，而促性腺激素可能降低骨質量，所以停經後骨頭會變薄，發生髖骨和脊椎骨折的機率會增加。相對之下，常認為是停經時發生的其他改變，可能其實不是停經造成的，體型就是很好的例子。女性的體型在中年會變化，例如腰身「消失」；把這些變化視為缺乏雌激素的結果，看似是合理的假設，畢竟青春期發育出有曲線、有腰身的女性體型，就是受到這種激素驅動的。然而，一般性的中年趨勢也很可能造成中年體型的改變，例如肌少症和脂肪分布改變。

停經也會影響心血管系統。潮紅是停經的明顯特徵，也是他人眼裡最明顯的停經變化（潮紅在英式英文稱為 hot flushes，美式英文則稱為 hot flashes，筆者喜歡美其名為「熱帶時刻」）。其實許多夫妻表示，二十多歲時的「熱血伴侶」是男性，女性則在中年時接過這個角色。我們懷疑，潮紅可能是促性腺激素分泌不規律造成的，不過我們對於潮紅的成因其實知道的非常少。另一個原因不明的停經效應，是女性罹患心血管疾病的機率不再比男性低了，這情形時常被認為是荷爾蒙改變的結果。不過停經之後，女性罹患心血管疾病的情形並沒有「一飛衝天」，所以雌激素「保護」心臟的說法或許過分簡化了。也許兩性之間罹患心血管疾病機率的差距變小，其實是因為這年紀男性罹患心血管疾病的機率稍稍下降，而不是因為停經有任何直接的效應。

最有爭議的是停經對腦部的影響。雖然一般認為停經的女性比較容易憂鬱，不過很少有證據能證明這個說法。其實，心理疾病的發生率似乎意外的不受這時期劇烈的荷爾蒙變化影響。停經或許會衝擊認知，不過這論點的爭議也很大。切除卵巢和提取記憶的能力下降有關，有些研究者認為，這與雌激素會影響腦部某些路徑有關，儘管如此，自然、自動發生的停經對認知的影響仍然不明。我們之前看過，中年的腦部不斷在變化，因此停經時期的各種小症狀，都可能被捲入這種腦部變化的大混戰中。

乍看之下，停經似乎對女性的性生活有劇烈的影響。停經前，六〇．七%的女性說她們一週性交一次；停經時比例下降到五二．七%；之後則是四〇．九%。然而，如果更仔細分析數據，這些趨勢和年齡的關係會超過和停經的關係，畢竟停經後的女性比停經前的女性年紀大。其實有些研究顯示，停經對女性的性慾或性滿意度沒有直接影響。許多女性甚至表示性慾變強，或許多少是因為女性不用再心煩懷孕和避孕了（這些發現的研究對象，是沒用任何形式補充荷爾蒙的女性）。中年女性性慾低落的情況，或許和壓力、健康問題和對自己身體的感覺比較有關。停經在這裡可能有輕微的影響，因為停經帶來荷爾蒙濃度改變，如果這種改變影響了中年的身體，就可能進而影響中年女性對自己的感覺。我們之前也看到，荷爾蒙常間接影響人類的腦部。

停經的生物過程受到很嚴密的控制，所以對不同人的影響差異很大，並不奇怪。有些女性停經時會受到許多嚴重的影響，例如失眠、心情轉變、疲倦、嚴重的潮紅，甚至記憶衰退，有些女性完全沒有這些狀況。不同文化裡，停經的負面影響也不一樣，例如西方已開發國家的停經負面影響似乎比較嚴重。預期態度也很重要，症狀的嚴重程度，和停經前對停經的負面態度有強烈的相關性，即使本質上似乎只和生理有關的症狀（例如潮紅）也一樣。停經時體內的生物學變化十分一致，所以女性個體間的差異既神祕又耐人尋味。或許這是因為人類有個傾向，即人類生理特徵極多數的面向都集中在腦部，在演化的過程中人腦逐漸演進，最後對身體的控制程度驚人。我們也看過我們的頭腦是多麼獨特，彼此之間的差異有多大了。

雖然十名女性之中，大約有一人停經時會有明顯的負面效應，但許多女性的經驗是正向的。她們可能會說，停經是有益的變化，讓她們可以擺脫月經、生育和避孕，或者有點反高潮的意味，實際上不如預期的糟糕。研究顯示，女性的觀感會隨著停經的過程而改變，她們漸漸不再把停經看成醫學問題，而是自然的生命歷程。另外，已經有孩子的女性似乎比較不怕停經。在許多人類社會裡，停經被視為一種解脫，讓女性不再遭受懷孕和生產的風險，停經女性的社會地位通常會爬升。某些文化認為，停經可以讓女性不再那麼威脅社會安定，也有些文化把停經視為她們生育服務的報償。

迷思六：現代女性活「太長」，所以才會停經？

我們之前討論過，人類在歷史中常常活到中年之後。因此，做為女性中年的關鍵特色之一，停經顯然是人類生命藍圖中一個基本且獨特的部分，在數百萬年的演化過程中寫進了我們的藍圖裡。精密的控制和受到一致影響的諸多機制，都是停經的本質，而這代表停經是一個數百萬年天擇打造出的程序。停經不只是因為人類現在活得比一直以來「預設」的壽命更長。

那麼，為什麼靈長類之中，唯獨人類演化出自然發生的更年期，以及在這之前生育力劇減的情況呢？我們知道，天擇會篩選出產下許多健康後代的個體，所以人類演化出讓自己停止生育的系統，實在說不通。在久遠的過去，為什麼會是停止生育的女性人類最後產生比較多成功的孩子？

有個理論指出，哺乳類的卵子有固定的壽命，「保存期限」大約是五十年。這理論認為，超過這個年限之後，卵子累積的破壞已經太多，不再能使用，所以女性不再排卵很合理。不過我對這理論有些疑問。首先，哺乳動物的壽命幾乎都不超過五十歲，所以「保存期限」的理論其實無從檢驗。另外，這個理論也可以反過來說：卵子之所以無法保存超過五十年，只是因為沒有哺乳類能在那年紀之後生殖。最後，只因為許多卵子受損就停止生殖，聽起來不合理。即使只有少數卵子完整無缺，女性還是應該讓這些卵子受精，把握住從衰退的卵巢裡再擠出一個健康孩子的機會。

第二個說法是，女性停止生育是為了不要和下一代性競爭。這個理論或許聽起來不大可能（我們先前才反駁過一個類似的論點，也就是死亡的演化），不過人類兩代之間性的「重疊」的確少得驚人。大部分的哺乳動物在青春期之後，就進入牠們生命的主要部分（或許占了一生的八〇％），可以和任何年齡的個體繁殖；但人類極為漫長的一生中，卻只有二十年的時間在生育，而且很少和父母那一代或子女那一代的伴侶生小孩。然而這個理論也一樣「可逆」——我們可以說，人類沒有兩代之間繁殖的情況是停經的結果，而不是原因。此外，很難解釋為什麼阻止兩代之間的性行為對中年人有益，除非那樣能阻止他們從子女懷中釣走可能的性伴侶。

下一個理論通常稱為「母親假說」，這理論提出停經的演化和人類生命藍圖其他部分的關聯，所以比較可信。狩獵採集的人類（以及農業前的人類）在野外生存得很好，因為龐大的頭腦讓我們可以適應嚴酷、無法預料的環境狀況。換句話說，人類太聰明了，在其他動物會死亡的狀態下，人類還能勉強求生。不過，我們得為那麼龐大的頭腦付出兩個代價。首先，寶寶的頭很大，所以生產的過程對人類女性有風險；第二，我們得花許多時間和資源養育腦袋聰明的孩子。這些都是人類獨有的問題。因此，有人認為人類女性演化出停經，是因為到了人生的某個時候，難產死亡而讓亟需資源的現有孩子失去母親的風險變得太高，超過生更多孩子的好處。與其死去時留下許多孩子挨餓，不如活著照顧幾個健壯的孩子。這個理論比較有道理，而且有證據支持。工業化前的美國和現代開發中國家的數據顯示，每多生一個子女，父母的壽命就會減短，而且對母親（會停經）的影響比對父親（無停經）劇烈多了。這麼看來，使女性停止生育而專注於現有子女的壓力其實不小。或許中年是這種壓力大到不堪承受的時候。

另外有兩個小理論，讓母親假說顯得更可信。第一，如果我們假設，母親生產時死亡、後代畸型、死胎的可能性，都會隨著女性年紀而增加，那麼繼續生育的好處會愈來愈少，所以利用停經讓母親專注照顧現有的健康子女，成為更吸引人的選擇。第二個小理論和男性有關。人類的父親常常貢獻不少心力在照顧後代和提供資源，不過他們的貢獻不如母親可靠。男性不只比女性短命、容易發生意外，而且有的男性會拋棄原有的伴侶，投入其他女性的懷抱。因此，母親接近中年時，其子女的父親還在身邊的機率會持續下降。所以身為子女的主要照顧者，她的重要性更高、更需要繼續活下去。

人類停經的演化最知名的解釋是「外祖母假說」（Grandmother Hypothesis），大概是因為這假說讓所有聽到的外祖母有機會得意地點頭。按這個理論，天擇不只偏愛停止生育、活下來把後代養育到成年的女性，還有利於存活更久的女性。這些女性活得夠久，可以幫助女兒照顧外孫。我們在前面看過，人類後代的需求很大，雙親的勞動力通常不足，無法替後代收集充足的資源，因此需要其他人幫忙。人類的食物取得不易，特別是在哺乳時期的女性，許多其他事占據了時間，使她們無法大量取得這些食物。相較之下，停經後的外祖母不再需要做哺乳這種麻煩的工作，可以出去覓食。另外，有明確的證據證明女性和男性一樣，覓食的效率直到進入中年很久之後仍然在增加。外祖母假說有些不同的版本，特別強調了外祖母直接照顧其外孫的重要性。不過外祖母假說成不成立，「直接照顧」這點並不重要——替這些飢餓孫子的小嘴蒐集食物就夠了。外祖母彷彿代表了沒有生育力的採集者階層，她們滿足了少數有生育力的採集者的需求。換句話說，外祖母扮演的角色或許類似工蜂。

有些人口統計的研究顯示，有外祖母在，其外孫的存活機率的確會提高。雖然電腦模式暗指，外祖母假說本身不足以解釋停經的演化，但如果結合母親假說，或許就足以解釋。也有研究更仔細地檢視祖母的影響，發現只有外祖母會帶來有益的影響，顯示只有外祖母會將關懷和資源投注在外孫身上，且長久來看對她們也有好處。而祖母和外祖母影響力不一致的情形，是因為只有外祖母能確定她們的外孫是自己的血脈。其實外祖母的狡猾心機似乎沒有極限，現在一般認為，外祖母可能會偏心地把資源分給外孫，而不是內孫，因為外孫藉著得到X染色體，會繼承比較多她們的基因（人類的性別決定系統是XX／XY，父母X染色體上的基因傳給子女、孫子女時，並不平均）。年長女性投資在她們第二代後代的努力，似乎愈來愈可能是取決於潛意識對遺傳關係的繁複評估。

這一切都讓我們回頭討論鯨魚。領航鯨和殺人鯨在某些方面其實非常像人類。牠們有龐大的腦子，聰明、社會化、可用聲音溝通，覓食的策略很有創意。有趣的是，牠們也是少數幾個和人類一樣有自然更年期的物種。有關鯨魚族群的長期研究顯示，雌性在死前很長一段時間，就會自動停止繁殖，母鯨魚停經後所存活的時間，可能比人類停經後所活的還要長。這現象很重要，因為這讓我們有機會把自己的生物學表現和另一個遠親物種比較。那麼，鯨魚符合我們的停經理論嗎？

首先，小鯨魚的母親如果年紀比較大，牠們的存活狀況會比較高一點，這情況表面上似乎和母親假說有關。第二，有鯨魚祖母在，似乎能增加其外孫的生存機率，尤其是三歲左右的小鯨魚。然而，這聽起來雖然和人類的外祖母假說類似，但我們並不確定鯨魚祖母是否真的會替後代「提供食物」。另外，雖然鯨魚的生殖和人類停經的理論可能存在共同點，不過要知道，即使鯨魚和人類某些方面類似，兩者的生殖生物特性卻不完全相同。例如，這些物種的交配安排似乎和人類的差別很大——沒有長期的伴侶關係。不過，鯨魚的社會結構使得住在同一片海洋的母鯨，彼此之間往往有很近的親源關係，所以母鯨和附近的幼鯨很可能有親源關係，母鯨幫助牠們有好處（只是我們不清楚是怎麼幫助）。也許她們甚至會給外孫言語上的建議，據說年老的母鯨可能訓練年輕鯨魚避開可能的威脅，例如會令牠們窒息的大量浮冰。或許海面下也有一個複雜而多話的社會，而這社會是由保護心切的母系文化主導？

以上就是更年期的情況，至少是我狡猾巧詐的促性腺激素殺人鯨版本。我們可以得到怎樣的結論呢？停經與更年期「幾乎」是人類獨有的性狀，不是女性生育力的終結，不是發生在女性卵子用光的時候，不是因為卵子用光才發生，而且不像我們印象中的那麼糟；演化出停經，大概是因為這樣一來，中年女性可以把心力投注在現有的兒孫身上，不會冒著風險繼續生孩子。而這一切有個美妙的優點——女性會停經，是因為她們的後代需要充裕的照顧和支持，因此人類女性後生殖期的人生還能健康長壽。

但也有人激烈質疑，我們是否應該「治療」停經的影響。支持者把停經視為需要治療的「雌激素缺乏」，反對者則把停經視為不該干預的自然過程。荷爾蒙補充劑顯然可以除去一些停經的影響——骨質疏鬆正是明顯的例子，不過需要的荷爾蒙劑量可能遠低於一般荷爾蒙補充療法開立的劑量。相反地，荷爾蒙補充劑對停經後性生活的效果還有爭議。荷爾蒙補充療法有和癌症、心血管疾病、膽囊疾病，甚至失智症相關的風險，不過這些問題也有爭論。

或許女性最該考慮的是自己為什麼需要荷爾蒙補充療法。有些研究顯示，最常見的原因是女性擔心自己的吸引力，有些人認為這理由不足以讓人服用人工荷爾蒙。純粹主義者或許認為，「治療」停經是人為扭曲一個完全自然的過程，不過當然了，小兒麻痺疫苗、治療斷掉的腿、不拿下半輩子在非洲草原上狩獵採集，也是同樣扭曲自然。

第十五章　危機？什麼危機？

我要開門見山說一件事。我買蓮花跑車（Lotus）只有一個原因，沒別的。我買這輛車並不是為了減輕生理或心理衰退帶來的焦慮，或是堵住老化心靈的漏洞，或是讓我痛苦地意識到死亡不遠了，或是引誘年輕女性（神奇的是，胖嘟嘟的男性坐在亮藍色跑車裡，會吸引一些年輕女性）。我買蓮花跑車，只是因為我打從八歲就想要一輛了。我只是剛好在四十一歲真的出手買下來。

大家都愛男性的中年危機。這名詞總是讓人莞爾。但我希望你能明白，男性的中年危機其實不存在。從來不曾實際存在。這名詞在一九七〇年代發源於美國，據說發生在人生中一段定義模糊的時刻，似乎牽涉到三種憂慮的混合，包括身體衰退、尋求年輕女性青睞的悲哀渴望，和沉迷於幼稚活動的衝動，在這一切之上，還添加了心理焦慮與「檢討評估」的感覺。

不過，男性的中年危機不是真的。如果是真的，我大可名正言順地存錢買奧斯頓・馬丁的豪華跑車。

*

當然男性人類的身體在四、五十歲時的確會改變。我不想重提第五章那些灰暗的日子，不過有證據顯示，男性身體的某些部分會有輕微衰退的情形。

失去平衡，製造血液的速度緩慢，抵抗力下降，睡眠變得不規律。不過，男性重視的是骨骼、肌肉和精力。我們已經討論過中年時期肌肉質量下降的情形（也就是肌少症），以及這情形對男性的外表和力氣的影響，比女性更明顯。骨質密度在接近四十歲時達到巔峰，之後逐漸下降，不過男性的骨頭直徑會增加，以彌補這個狀況。骨質密度降低是所有人類族群都會發生的情形，但直到五十歲之後，降低的狀況才變得劇烈。髖骨骨折的風險提高，但因為男性一開始就比較健壯，所以男性髖骨骨折的風險還是比女性小了大約三倍。不過我們還是得了解，這些骨骼及肌肉的改變很重要，中年男性最常發生的健康問題是關節疼痛和背痛，而不是比較私密或是偏心理方面的問題。

除了會疼痛，這些骨骼肌肉的改變也會影響男性的外表——姿態改變、足弓降低、脊椎彎曲、椎間盤被壓縮——因此中年男性會變矮。另外，由於使男性變矮是脊椎的改變，而不是四肢骨頭縮短，因此之前提過中年發福、四肢細長的外表會更加明顯。平均來說，男性四十歲之後每年會變矮一公釐，有些人的身高最後可能減少到七公分那麼多。身高對男性很重要，而這或許多少能解釋為什麼他們中年的身體形象會衰退——其實衰退得比女性的身體形象更快，所以兩性之間的差距縮短了。然而，中年男性還是保有天生自信的元素，例如，雖然他們比年輕時更可能進行節食，機率卻仍然比女性低。另外，中年男性和年輕時一樣，也會高估女性覺得迷人的男性體重（而女性則一致地低估男性理想中的女性體重）。而男性中年大肚腩的最後安慰，是挺著大肚腩的人可以說那是人生成功的實際證據，也是開玩笑的好材料。中年男性的肚子天生逗趣，所以或許取代了早年陰莖扮演的滑稽角色。

相較之下，性對中年人而言就嚴肅多了，不過這方面的改變並不明顯。我得承認，數據看起來並不令人鼓舞。性幻想的頻率降低，夜間勃起的頻率降低、時間也縮短，勃起需要的時間變長，更需要手或視覺刺激，高潮縮短，射精的量變少，勃起的狀況更快消退，到下一次勃起之前的「恢復時間」變長。不過，人類的性愛一大部分「發生在腦中」，所以這些生理變化的影響可能小得超乎意料，而且常常被男人「腦部」性生活發生的正面或負面變化遮蔽。另外，男性精子的生殖力在中年並沒有顯著的變化，而且或許最重要的是，需要更長的時間才能達到高潮，其實是皆大歡喜的現象。

男性荷爾蒙在中年發生了什麼事，是否造成了性生活的變化，是否需要補充荷爾蒙，這些問題都眾說紛紜。有些研究者積極地在男性身上尋找和女性停經一樣明確而一致的轉變，並且標上了各式各樣的名稱，像是「男性停經」、「雄性更年期」、「雄性激素部分缺乏」，或是嚇人的「遲發型性腺功能低下」。不過趨勢逐漸改變，男性的生育力和女性一樣突然下降的觀念不再熱門。

平均來說，血液中雄性激素（睪固酮和類似的荷爾蒙）的濃度的確會隨年紀而下降。這情況可能在距離中年很久之前就開始了，或許早從二十歲開始，不過中年時，平均每年會下降一％到一．六％。雄性激素的濃度下降，一部分是因為睪丸裡分泌雄性激素的萊氏細胞（Leydig cell）數目下降，而雄性激素下降的情況，會使腦下垂體分泌的促性腺激素荷爾蒙增加（因為睪丸和腦下垂體控制彼此的方式，類似雌性的卵巢和腦下垂體，詳見上一章）。證據顯示，五十歲之後雄性激素平均濃度的下降速度可能加快，有趣的是，這年紀十分接近女性停經的平均年齡，但對於傳說中的中年危機來說，恐怕來得太晚了。

不過，這種雄性激素平均濃度下降的趨勢，實在不大像中年男性人生裡一致而重大的轉捩點。許多中年男性的雄性激素濃度直到老年都不會改變，不過這些男性之中，有些人的性慾和性能力還是會下降。相反地，其他人發生雄性激素下降的情況，卻沒經歷多少明顯的負面效應。一般而言，男性雄性激素、性生活、疾病和一般生理衰退之間的關聯，非常不明確。精子很少停止生產，睪丸幾乎永遠不會停止對促性腺激素反應（而女性的卵巢總是會停止反應）。有個大型的美國計畫顯示，每五十名中年和年長的男性中，只有一人表現出雄性激素完全「衰退」的證據。

因此「雄性更年期」的速度緩慢，不限於發生在中年，不規律，不同人之間的差異很大，而且沒有明確的影響。另外，雄性更年期也不會使得大腦和性腺之間的交互作用完全失效。換言之，雄性更年期和女性更年期完全不一樣。不過，我們該不該「治療」雄性更年期，仍然有很大的爭議。補充荷爾蒙對大多數男性而言，並沒有改變中年生活的任何面向，反而會提高罹患疾病的風險，例如前列腺癌。又一次，人腦相較之下似乎比較不受荷爾蒙影響——雄性激素治療對性慾或性能力的影響意外的小。

許多中年男性擔心勃起障礙，不過這個問題似乎也不大受荷爾蒙影響。我們愈來愈了解人類勃起的機制，主要是因為發明可以促進男性勃起的藥品，就可能得到極大的利潤。勃起的過程中，複雜的化學傳導物質會落在腦部的某些區域，這些區域有神經纖維連結到生殖器。這些神經刺激陰莖內血管內襯釋放出一氧化氮，使得這些血管鬆弛，讓海棉勃起腔室充血。這樣的過程就解釋了威而鋼（Viagra）這樣的藥如何作用，這些藥阻止了一種酵素的活動（環鳥苷酸磷酸二酯酶第五型〔cyclic-GMP-specific phosphodiesterase type 5〕），這種酵素會抑制造成勃起的一連串事件。另外，血管在勃起時的關鍵角色，解釋了為什麼動脈硬化、肥胖和糖尿病常常伴隨著勃起功能障礙，為什麼缺乏運動和吸菸可能加重勃起功能障礙。

我們了解勃起功能障礙的生理因素，不表示我們能忽略心理的因素。男性擔心不舉，而這樣的擔心會影響勃起，所以勃起功能障礙的起因常常主要是心理因素。說來驚人，許多有勃起功能障礙的男性有正常的夜晚和晨間勃起，顯然證明了是力有餘而心不足。比方說，像是輕微的無聊這麼無傷大雅的事，都可能讓男性落入勃起失敗、自我懷疑和焦慮的惡性循環。有明顯生理成因的不舉，也可能由於男性對性的自信因此受損而加重。男性常常認為性交「失敗」是自己的錯，當然了，性交的確主要取決於男性性興奮，這是生物學上無可避免的事實。性交「失敗」會劇烈衝擊男性對自己的性認同，心理學研究顯示，男性的情況比女性嚴重。更糟的是，男性也擔心伴侶會覺得，性交「失敗」是他們對女性魅力下滑的沉默批評；研究顯示，這的確是許多女人心中的想法。男性心裡的焦慮循環、伴侶之間的焦慮循環——頭腦是人類最重要的性器官，這在勃起功能障礙更是顯露無遺。

所以，男性中年緩慢的性生活改變，和女性中年的性生活改變完全不同。男性這方面很少發生劇烈衰退、突然停止的狀況。男性的生育力的確變化緩慢（其實不會比其他身體系統更快），而腦部對這些變化的反應或許比荷爾蒙變化無常的消長更重要。男性的生育力隨著歲月而逐漸下降一些，不會發生突然不孕的情況。突然發生的男性更年期是個迷思；我們馬上就會看到，為什麼演化會造成這種情形。

中年會讓男性突然渴望討好年輕女性，還可能拋下中年的伴侶，和新歡跑掉，這或許是男性中年最常見的陳腔濫腔。我們這麼執著於這種念頭，是因為這想法讓中年男性的妻子焦慮，甚至讓偶爾覺得年輕女性迷人的中年男性心生內疚。不過，這是中年突然發生的實際、獨特現象嗎？

當然，年輕女性理論可以輕鬆用算數駁斥。男性在四十歲之前，當然沒辦法渴望比他年輕二十歲的成年女性，因為在那之前並沒有比他年輕二十歲的成年女性。不過這其中一定有某種蹊蹺。現代社會看到七十歲的男人約五十歲的女人出去，不會那麼大驚小怪，那我們為什麼那麼刁難中年男性？我們來看看證據吧。

當代的所有人類文明都有兩個共通點。第一，他人眼中女性的吸引力在二十歲前後到達巔峰，之後隨著年齡下降。第二，世界各地的異性戀人與性伴侶之間都有一致的年齡差距，歷史文獻中也記載了類似的趨勢。雖然年齡差距在已開發國家可能縮小，但年紀較大的男性似乎仍然會和比較年輕的女性配對。另外，在許多社會中，男性習慣浮報自己的年齡，短報伴侶的年齡，而女人常常短報自己的年齡，浮報伴侶的年齡。這些發現非常普遍而一致，人類學家聲稱，這並不是社會傳統造成的結果，不值得一提，而是反映了人類內建的性策略——這是我們遺傳發育的「生命時鐘」的一環。

男人要結婚時，通常會說他們喜歡比自己小二到七歲的女性。英國的平均夫妻年齡差異在上一世紀一直維持在二到三歲之間。雖然年齡差距的變異增加了，但平均值仍然不變（表示年紀很大的男性和年紀很輕的女性結婚的案例，以及年紀較大的女性和年紀較小的男性結婚的案例都變多了）。另外，有趣的是，有個研究顯示，丈夫比妻子年長六歲時，產生的後代數量最多。

不幸的是，婚姻數據只能告訴我們，大家得到怎樣的伴侶；但我們還想知道，大家想要的是怎樣的伴侶。一個方式是研究報紙上徵友欄廣告或參與線上約會時表現出的喜好，而研究結果令人驚奇。十八歲時，男性想找的是比較年長的女性，不過這種期望的年齡差距離會逐漸縮短，到二十四歲時，他們想找的是和自己年齡相近的女性。之後女性的年齡和他們的差距愈來愈大，到了七十歲，他們想找的女性平均比他們年輕十六歲。這個結果明確而有力，在期望的伴侶年齡圖上幾乎呈一條直線。不過，女性並沒有相對應的情形，她們快二十歲時，偏好比伴侶小四歲，但這個期望的年齡差距會持續減少，到老年的時候變成同齡（男同性戀無獨有偶地和異性戀男性有非常相近的趨勢，只不過他們的喜好更極端——他們年輕時想找「更老」的伴侶，老的時候則想要「更年輕」的伴侶。）

當然，我們解讀這些發現時，務必要小心。首先，有人反駁這些結果，認為這反映的也不是他們的渴望，而是反映人們務實的想法——他們認為自己或許能夠吸引到的伴侶。如果七十歲的男性覺得自己的夢想能成真，會想要二十歲的女性嗎？還有，這個樣本有選擇性，主要是單身和未婚的人（希望真的是這樣）。不過，證據仍然顯示了一個傾向——大部分男性喜歡比較年輕的女性，而大部分女性喜歡年紀比較大的男性。這些數據其實符合演化生物學告訴我們的事：人類是單一配偶的物種，加上後代要花許多時間長大，因此雄性會受到生兒育女潛力還有很多年的女性所吸引。在我們的演化歷史中，這麼做的男性（受女性的年輕特質吸引，和年輕女性結婚，善加利用這些女性還有生育力的歲月），最後把他的基因傳給了現代的男性，所以這些人的遺傳設定讓他們做出同樣的選擇。

所以，按照這個理論，和年輕女性跑掉並不是中年男性在「自戀充電」，而是極為合理的策略。其實有個反例讓這個論點更可信。黑猩猩的後代長大的時間比我們短，而黑猩猩是雜交社會，不是單一配偶，所以牠們的生殖生活和我們截然不同。而雄性的黑猩猩似乎偏好和年紀比較大的雌性交配。不論這是為什麼（或許年紀大的雌性養大黑猩猩寶寶的紀錄良好），這和人類的對比十分顯著，強烈顯示人類男性擇偶偏好的演化理論正確無誤。

不過，這一切真的完全解釋了男性在中年的行為嗎？首先，中年男性雖然常常覺得年輕女性迷人，但真正去誘惑她們的衝動似乎不像這理論看起來的那麼無法抗拒。不論有些人怎麼想，這世界顯然沒有隨處可見雄糾糾氣昂昂的中年男性追著二十多歲的狐狸精。而且，為什麼男性在二十四歲之前偏好年紀較大的女性，之後才表現出演化上「合理」的行為，變得渴望年輕女性，這點也很難解釋。畢竟農業前的遠古世界裡，女性很可能十六歲左右就開始生孩子，所以男性為什麼沒設定成妥善利用十六歲女孩的生殖潛力呢？中年男性應該都會渴望十六歲的女性，而不是相較之下已經開始走下坡的二十歲女性吧？

不過，男性的基因遺傳和持久不衰的生育力總是有可能誘惑他們，讓他們離開中年的交往關係，找更年輕、生育力更強的伴侶試試運氣。不過這絕不是放諸四海皆準的情形，中年男性通常會守著自己的長期伴侶，和已經投資很多的對象一起完成親職工作。即使這樣的動力還不夠，想到必須回到約會、尿布和長乳牙的世界，就足以讓他們回歸正軌了。

為什麼中年男性會想和年輕女性跑掉，還有個截然不同的理論，該理論認為這與他們對自己死亡的看法有關。粗略地說，差不多是「擺脫老去的妻子，等於擺脫老化」。這理論假設，男性用伴侶的活力當作自己的活力指標，而男性注意伴侶的時間，的確比注意自己的時間多。聽起來或許奇怪，不過的確有證據支持這個說法。首先，再婚的統計顯示，中年男性娶的第二任妻子通常比第一任年輕（不過再婚的女性也有相近的趨勢）。另外，娶年輕妻子的男性活得比妻子年紀較大的男性更久，年齡差距愈大，這個年輕妻子的「保護」作用愈強。我們其實不曉得為什麼會有這種情形——年輕的妻子對丈夫是否有心理、社會或生理的影響——而丈夫的年紀對妻子的存活狀況並沒有那麼劇烈的影響。不過別急著拿這一切的數據來支持政治不正確的諺語：「你愛的女人是什麼年紀，你就是什麼年紀。」我們還得考慮一個證據——男性的壽命也和妻子的教育程度有很強的相關性。所以娶個聰明的女人，長命百歲吧。不過究竟哪個比較重要——是配偶的年紀，還是配偶的教育程度呢？換句話說，什麼時候和聰明的中年妻子離婚，和無腦的二十歲女人跑掉比較有利？

當然了，一個巴掌拍不響，這在人生和演化上都說得通。把中年男性釣走的年輕女性呢？她有什麼好處？是健康、安定，還是該男性經認證過的照顧人的能力（不過顯然還不夠）？有些證據顯示，女性的選擇其實是人類戀愛結合的主要驅力，而男性只能遵從。約會廣告裡，女性傾向於提供關於年輕、美麗和活潑的資訊，而男性提供的資訊則和地位、財富和就業狀態有關。不過有些研究顯示，女性其實比男性挑剔理想伴侶的年紀，那麼這一切留給中年男性多少選擇呢？

不論中年男性和較年輕女性的權力平衡點落在哪裡，這種惡名昭彰的關係幾乎確定有一個好處。人類的歷史上，很可能有比例不少的中年男性和年輕女性生下孩子，或許是暗地裡，或是和原配分開或喪妻之後。因此，所有男性都遺傳到四十歲之後還有生育力的基因，以免哪天真的有幸用得上。天擇的女性主義功績再度被證明是乏善可陳。在女性的生育力落幕之前，人類男性的性生活都還有得瞧，所以男性才不會經歷突然的男性停經。其實這些中年男性偶爾會有的古老性騙局，大概是確保人類在四十歲之後還能長久延續的主要驅力。所以，我們能健康長壽，多少要感謝史前的好色中年男子。

看過了男性更年期和追求年輕女性，中年危機迷思的第三個元素是，中年男性會經歷重大的心理動盪，使得他們面對人生的新態度不恰當得可笑。

按這種說法，中年會讓人重新內省，意識到迫近的死亡，因為缺乏個人成就而恐慌，發生認同危機，不願「繼續做差不多的事」。這些情況應當會造成憂鬱、焦慮和荒謬的反應，如忽略問題、退化成青少年的態度、濫用藥物、離婚，甚至自殺。這說法認為，中年男性想孤注一擲地把自己變成英雄，但通常會失敗，有時會造成災難。最重要的是，支持上述這些說法的證據少得可憐。

中年危機理論的前提是，中年危機必須是男性之間很一致的現象，而且必須發生在相對之下較短的一個時期。不過，十個男人中，只有一人表示在中年早期經歷過強烈的情緒動盪，我們也看過了，心理疾病的診斷（包括憂鬱症）在中年發生的頻率並不會比較高。如果問到人生的主要轉捩點，大部分的男性會提起成年初期的事件，而不是中年發生的事，例如職業生涯轉換、結婚，或是求學。他們幾乎把成年初期視為往後人生定調的階段。認為自己的確經歷中年心理危機的男性中，超過一半表示他們的危機發生在四十歲之前，或在五十歲之後。而確實發生在四十多歲的「危機」大多有明顯的外在原因，例如失業或婚姻觸礁；這些危機通常和任何特定的實際年齡沒有明顯的關聯。其實，有些研究中的女性一樣可以說她們經歷了中年危機。

所以，中年危機不只定義模糊不堪，證據更是曖昧。男性的確表示有中年心理改變的情況，但他們提到的改變其實和重大的內心情緒重組無關，而是和衰退的認知能力有關。最常見的問題是注意力變差、疲倦、易怒、記憶衰退，這一串症狀反映的是感覺上而非實際上的衰退，總之幾乎無法顯示有一波強烈的中年男性困擾。人們對中年危機的想像並不連貫，唯一支持這種想像的證據，是中年男性認知到「人生轉捩點」的頻率非常微弱而短暫地提高了（女性則沒有這種情形）。不過，許多狀況還是和職涯有關，而且有許多被視為正面的變化，而不是負面的改變。

目前心理學家的共識是，男性中年危機這種概念定義不清、沒有證據，不值得存在這麼久。不過如果真是這樣，為什麼我們仍然緊抓著這種說法不放？我懷疑，我們喜歡中年危機，是因為中年危機說的是我們想聽的事，有時候甚至帶了點浪漫、英雄式的弦外之意。例如歷史上偉大的思想家和行動家（因為種種的文化因素，他們通常是男性）常常表示，他們對世界的看法在中年時期經歷劇烈的變化。不論米開朗基羅、歌德和但丁是否同意後代對他們中年的評價，突然意識到死亡不遠會驅使人成就偉大的事業，總是很迷人的想法，尤其是大部分的人並不確定，有沒有什麼事能驅使我們成就偉大的事業。

不，我們大部分的人並不會重塑人類文明；我們只會埋頭工作。而職場的世界對中年人而言瞬息萬變。雖然許多中年男性的伴侶現在進入職場，多少減輕了他們養家的壓力，但男性的職場世界仍然很複雜。戰後男性工作者、雇主與福利保障之間的終生協定正在瓦解。在經濟萎縮的世界裡，嬰兒潮後的世代卻是膨脹的世代，而老年的財務規畫愈來愈無法預測。有些男性可以早早退休，有些卻得晚退休，同時讓他們更忿忿不平的是，早退休的經常是幾十年來想把他們裁掉的那些人。簡而言之，沒有簡單的生物學理論能解釋中年男性在現代經濟的困境。危機可能來自外在，但絕對不是來自內在。

那麼中年男性的幼稚行為呢？我究竟為什麼買了輛蓮花跑車？在這方面，心理學告訴我們的不多，我們只知道，並沒有科學證據能證明中年男性幼稚化的心理。難道中年男性並不是返老還童，而是他們的成年和童年，並不如他們希望大家認為的那麼不同？除了十四歲左右開始對女性產生興趣，男性的興趣在三歲之後似乎改變不大。他們喜歡運動、競爭、輪子和機器、製作、破壞東西，整體而言就是愛弄東弄西。青春期和戀情只是短暫中斷這些事，有了自己的孩子更是證明這個說法。我有了兒子之後（兒子是中年男性可以理直氣壯玩耍的好理由），我才發現（應該說承認）我對樂高積木的熱愛。我現在喜歡玩樂高的方式和五歲時一樣，並沒有成熟的細微差異，而許多男人可能也有同樣的情形。我想我二十歲時應該也喜歡玩樂高，不過顯然暫時把樂高放到一邊，避免社交上的尷尬和戀愛失利。現在，我和許多男人一樣多了點錢，少了點尊嚴，隱約覺得現在該自私一點，實現五歲的那個我的一些計畫。男人老了之後，終於有時間年輕了。那輛蓮花跑車就是那麼來的。

危機迷思的最後一個面向太普遍了，如果沒有人指出，可能根本不會被發現。在我們這個政治正確、後女權主義、沒有種族歧視的世界裡，有一群人可能受到不怕報復的無情諷刺，這群人就是中年男性。下次看電視的時候，注意一下喜劇、劇情片和廣告裡被貶低的是什麼人。通常是中年男性扮演丑角，而聰明、睿智、口才好的妻兒仁慈地容忍他們。中年男性角色的外表也常常不討喜，在螢幕上卻配上美麗的妻子，而他們甚至醜到妻子的選角顯得不大有說服力。我指的不是荷馬・辛普森（Homer Simpson）或彼得・格里芬（Peter Griffin）這些蠢得超現實、蠢得聰明的中年男性，具有的那種美妙滑稽力量，而是草率描繪的中年男性小角色發出的隱約滴答聲，他們只求堅忍的中產階級家人一再紆尊降貴拯救他們。當然了，中年男性是媒體愛嘲弄的對象，因為他們是長久以來在社會上握有權勢的人，但我忍不住覺得，他們在當代媒體的形象只會助長「中年男性有某種根本的扭曲」這種迷思。

＊

最重要的是，中年危機是個好故事。我們都喜歡故事，至於故事是不是虛構的，並不重要。或許虛構的故事更好。中年危機的概念太簡潔且好吸收，雖然沒有心理學的根據，卻讓人忍不住相信那一定是真的。這概念太順理成章，而且無疑地很有趣，以至於連男性都愛談論中年危機。讓它更吸引男性的是，這是種抽象的概念，可以輕鬆地把任何小變動和恐懼納入其中，鎖起來，藏在看不到的某個幽默容器裡。有人認為中年危機是最近幾代發展出來的，是從沒經歷過戰爭或憂鬱症的男性心懷內疚的替代敘事，暗示今日的男性因為人生中缺乏充滿男子氣概的真實苦難而羞愧，所以用「中年危機」這種虛構的故事來掩飾他們的困窘。不過，我們真的需要那樣的理論來解釋，為什麼大家覺得嘲笑中年男性令人慰藉嗎？

我知道你的想法；作者太會抱怨了。或許四十歲出頭的男性不是證明這說法有理的最好人選。也許否認中年危機只是我個人解決中年危機的方式。總之，我現在想忘掉中年危機，繼續前進。畢竟所有男性都知道，還有些東西要弄一弄。

第十六章　中年人該生孩子嗎？

我一開始就與眾不同。我屁股朝外出生在一群二十歲左右的醫學系學生眼前，他們在婦產科輪訓時看到如此反常的偶然現象，都看得目瞪口呆；不只這樣，生下我的母親年紀實在不小了。

現在，三十一歲生第二個孩子或許不算老，不過在一九六八年時，人們顯然覺得三十一歲已經接近做母親的年紀上限。所以我母親被隔離在婦產科病房的一端，保留給「高齡孕婦」的一區，或許醫師擔心她可能把年紀傳染給其他母親吧。三十一歲算是高齡生子，這說法在今日聽起來很怪，而且一九六八年的新生兒長到中年的這段時間裡，父母的角色已經改變了不少。我們都知道現在很多人組成家庭的時間比以前晚很多，在這章裡，我會探討這個趨勢的一個關鍵問題。本書的第三部分，我們已經看過中年的性、女性的生育力和男性的生育力；假設這些力量能協力產生嬰兒，中年為人父母真的是好事嗎？

數據顯而易見。一九八九年到二〇〇九年之間，英國四十歲以上生孩子的女性數目增加了兩倍，二十五歲以下生孩子的女性數目則減少了。一九九一年到二〇〇一年之間，美國四十五歲以上生孩子的女性人數，成長為之前的一九〇％。這無疑是個實際的現象，不過每個家庭的故事都不相同。許多中年女性自然受孕，有些卻需要現代生殖技術才能懷上自己的孩子，還有些必須接受卵子捐贈。當然了，年紀大的母親變多，也表示年紀大的父親變多了。但大家常常忘記這個情況，尤其是有些年紀大的男性在中年時，剛和年輕的新妻子組成新家庭。

中年母親並不是新現象，不過現在的中年母親和以往不同了。一直到過去幾十年，大部分的中年母親都還是結婚後就不斷生育的婦女，所以她們在中年懷孕，只是替一個子女成群、大概精疲力竭的大家庭加上最後一筆。最近的改變是，更多的父母在四十歲上下才剛剛組成他們的家庭。因此有證據顯示，這些母親急著和生物時鐘賽跑——中年母親雖然生育力比較差，但第一胎和第二胎的時間間隔比年輕母親短。這個明顯的證據可以證明，中年的懷孕其實懷著一個計畫（不好意思，我在這裡用了雙關語）：在不孕的無情斷頭臺落下之前，搶著生幾個後代。現代的中年懷孕並不是生物學上的創舉，而是社會趨勢。

人口統計學家已經告訴我們，已開發國家的生育發生了什麼事。現代女人的社會經濟地位比較取決於她們在做什麼，而不是她們嫁了什麼人，因此她們面臨了優先順序的衝突。簡單來說，女性必須選擇，是要犧牲社會經濟層面的成功，早點生孩子；或是建立成功的職業生涯，有著高收入又彈性的工作，等到有強力的立場可以交涉到暫休，才暫停工作、建立家庭。做這些決定時，金錢似乎扮演了很重要的角色。第一個孩子出生之前，丈夫的收入對女性在職場的活動沒什麼影響；不過孩子一旦出生，那麼丈夫賺得愈多，女性重回職場的可能性就愈小。經濟情況和工作的穩定程度，常被視為建立家庭的先決條件，現代經濟使得這種情況在三十多歲之前很難達成。另外，女性想要打造未來薪水符合期望的事業，需要的教育和訓練時間愈來愈漫長，即使她們拿到期望的薪水，想到可能得暫時拋下這種收入，就能有效地澆熄休假的念頭。總而言之，中年的新手母親通常教育程度高、經濟能力不錯，其實一點也不意外。

這些趨勢引起廣泛的討論。有些人甚至擔心這些趨勢會降低成功女性把基因傳給下一代的機率。不論實情如何，金錢和財產顯然改變了一切。在農業開始之前，我們唯一的財產是體內的脂肪，所以腦部演化成會做出簡單的決定，判斷何時應該把脂肪財產轉化成嬰兒（結論大概是，一有機會就該轉化吧）。不過，現在我們大部分的財產都不在身上，是非生物性的財產，而且很難累積。現代經濟和女性的選擇讓我們陷入兩難，而我們的頭腦沒有天生直覺的解答，似乎是理所當然的事？

雖然近來的趨勢是這樣，不過我們對高齡母親仍然存有一些疑慮；很少有人能解釋這樣的不安，甚至要說清楚都很難。如果我們認為三、四十歲懷孕沒什麼，卻發現自己對十六歲女孩懷孕不以為然，那麼標準應該在哪裡？而且我們為什麼要質疑高齡母親懷孕的概念？高齡懷孕真的有什麼不對嗎？

從生物學的角度來看，中年為人父母有四個可能的缺點，最重要的是母親可能有風險。我們已經看過，女性的生育力通常在中年早期（四十多歲）急速下降，不過這就表示如果懷孕，懷孕的風險一定不小嗎？

證據其實模稜兩可。有些研究清楚指出，高齡母親比較可能產生懷孕併發症，例如妊娠糖尿病、前置胎盤、先兆子癇和高血壓，或需要剖腹生產。不過有些報告中的研究群組包括了五十歲以上的女性，而大部分的女性在這年紀也不大可能懷孕了。即使這樣的風險擴及四十歲，甚至四十歲以下（有些人聲稱這些風險甚至降到三十五歲），仍然可能只是反映了懷孕前已有疾病的影響。換句話說，即使年齡本身不會增加懷孕併發症的風險，中年女性還是有更多的時間累積懷孕前已有的身體症狀，而可能導致這些懷孕併發症，或使病情惡化。因此，我們還不清楚健康的中年母親是否真的需要擔心。

中年當父母第二個可能的缺點，是母親的年紀可能對嬰兒的健康有不良影響，公眾爭論這個議題時，主要的問題當然是唐氏症（Down's syndrome）了。

唐氏症是孩子遺傳到異常染色體數目的結果。大部分的孩子遺傳到四十六條染色體，也就是二十三對染色體，每一對裡的兩條染色體分別來自雙親。一對對染色體被從一號編到二十二號（從最大排到最小），最後的第二十三對則是性染色體（女孩的性染色體是XX，男孩則是XY）。不知為何，較小的染色體比較不容易正常洗牌、重新排列、分裂；要形成卵巢中半套二十三條染色體的卵子，這是不可或缺的過程。因此有些卵子最後的某號染色體不只一條，而是一對，如果這些卵子之後受精，而父親提供的是正常的一條染色體，那麼生出的孩子的這號染色體就有三條，變成總共有四十七條染色體。這叫「三染色體」（trisomy），而最常見的三染色體發生在第二十一和二十二號染色體；第二十一號的三染色體則會造成唐氏症。

我們不知道為什麼比較小的染色體變成三染色體的風險比較高，也不清楚為什麼較大染色體的三染色體似乎不同（第二常見的是十六號，不過根據的規律不同）。不過，至少有兩件事很清楚——三染色體症幾乎都是卵子形成時發生錯誤的結果，和精子無關；而三染色體症比較常見於較高齡產婦生出的嬰兒。

這問題很重要。大約〇．三%的新生兒有染色體異常的情形，染色體異常也在死胎中占了四%，自然流產則有三五%。不過千萬別這樣跳到結論，認為較高齡的母親對染色體異常有某種影響，何況那樣的結論可能使中年母親產生恐懼和內疚交雜的有害情緒。舉例來說，一般人常認為，卵子發生非整倍體（aneuploidy）是因為中年女性的卵子已經累積四十多年的損害，因此品質本來就比較差。然而最近的研究顯示，人類女性胎兒的子宮內已經有大量非整倍體的卵子，所以染色體異常並不是老化的直接結果。這些異常的卵子也許不知怎麼的，比較容易逃過卵子損耗的過程（我們之前看過，卵子損耗的程序會把胎兒的幾百萬個卵子庫存，削減到最後會排卵的幾百個）。或許到了中年，卵子已經削減很多；加上非整倍體的卵子優先留下，表示四十歲的卵子庫其實「富含」不正常的卵子。

中年的準媽媽看了這個數字，一定會恐慌。女性成年之後，產下唐氏症嬰兒的機率加速增加。而二十多歲產下唐氏症嬰兒的機率非常低，因此當四十歲的機率到達每一百人就有一人時，相較之下就顯得高得嚇人。不過，我們得退後一步，從獨立的角度謹慎思考這些可能性。人類最常見的非整倍體（也就是第二十一號三染色體症）發生率是一%，一%的風險真的高得可怕嗎？當然，是否接受這程度的風險，要由準父母自己決定。而且別忘了，唐氏症通常可以在懷孕初期檢驗出來，所以父母現在可以決定要不要讓第二十一號三染色體症的孩子來到人世。

雖然很難取得精確的數字，不過流產較普遍發生在高齡產婦身上，而且隨著年齡愈高，發生率也愈高。女性懷孕流產的機率超過一半的年齡，大約在四十到四十五歲之間（其實這數字並不準確，懷孕早期的流產可能不為人所察覺）。因此，對中年女性而言，流產是個比唐氏症更常見的問題，也是四十多歲女性比較少生孩子的主要原因（其他因素是性交的次數減少、月經週期不規則）。然而，因為流產通常是個人的悲劇，之後可能伴隨著成功懷孕的喜悅，所以受到討論的程度不如染色體異常那麼熱烈。

我們不清楚為什麼，不過較高齡的產婦也比較可能生下較小的嬰兒。已發表的研究對於這影響的程度有多劇烈，並沒有定論，不過顯然有證據證明，四十歲以上母親生出的孩子，比較容易落在我們任意訂出的「低體重兒」範圍。有些研究甚至指出，三十多歲的女性生出的嬰兒體型，也小於她們在二十多歲生出的嬰兒。說來奇怪，另一個容易生出小體型嬰兒的母親群組是青少年，雖然這個效應大部分能以這些母親的社會經濟劣勢來解釋。不過，有些研究者認為，中年和青少年母親類似的狀況，反映了兩個群組之間實際的生物學共通點。例如實驗動物中，年幼和年老的母親在懷孕前和懷孕中，都有異常的荷爾蒙分泌情形。另一個中年母親的嬰兒重量輕的可能原因，是懷孕的時間間隔；懷孕的間隔短，會使嬰兒出生體重較輕，我們之前看過，懷孕時間間隔短正是今日晚成家的家庭的一個特色。

除了這些考量之外，有些關於中年母親的好消息。沒有證據能證明，中年母親生下的嬰兒比較容易早產，或是出生後立刻顯現反應遲鈍的情形，或出生後會立刻死亡。有個研究甚至顯示，如果雙胞胎或三胞胎的母親是中年人，那麼他們之後的成就會比較好。

中年父母的第三個可能缺點常被忽略，不過或許是最意想不到，也最有趣的一點：父親年紀大也可能對孩子的健康不利。

我們都聽過男性高齡生子的故事。喜劇演員查理．卓別林（Charlie Chaplin）七十三歲做爸爸；西班牙歌手胡立歐．伊格萊西亞斯（Julio Iglesias）的父親（還湊巧是個婦科醫師）八十九歲老來得子。我懷疑那樣皺紋滿布的生育成就雖然很罕見，卻吸引著所有人類男性心中的那點男子氣概。我想，我們都以為男性老來得子沒有負面影響，主要是因為不會明顯造成唐氏症這類知名的疾病。

父親年紀大確實和母親年紀大不同，前者對染色體異常的發生率沒什麼影響。不可否認的是，父親的年紀對於造成唐氏症可能有非常些微的影響，不過除了這個不確定的關聯外，並沒有明確的證據能證明父親年紀大會造成非整倍體。一般認為，持續更新的睪丸泉源中會湧出壽命短暫但英勇的精子，這和卵巢裡經過數十年漫長等待的脆弱卵子，形成強烈的對比。對男性生物學過分簡化的這種觀點，造成了十分普遍的迷思——父親的年紀無礙於孕育健康的孩子。

然而，近期的研究顯示，年老的父親恐怕一點也不好。現在一般同意，有一類疾病在年長父親的子女身上比較常見。這些疾病是體染色體顯示的遺傳疾病，成因是我們那二十二對「非性」染色體上一個基因的其中一份受損。雖然這些疾病背後的遺傳規則類似，但不同的基因受損造成的影響卻可能有驚人的差異。馬凡氏症（Marfan syndrome）會使四肢拉長、心臟異常；軟骨發育不全症（achondroplasia）會造成相對常見的侏儒狀態，大腸瘜肉症（polyposis coli）會使大腸長出瘜肉，亞伯氏症（Apert syndrome）造成頭顱、臉部、手腳畸形，而痣樣基底細胞癌症候群（naevoid basal cell carcinoma syndrome）則會造成自發性腫瘤。而這些只是和父親年紀有關的體染色體顯性疾病的幾個例子，這個清單仍在不斷增長。

這清單看似驚人，不過要知道，這些疾病大部分未必是父親年紀大造成的（雖然有些疾病的主要原因的確是這樣，例如軟骨發育不全）。此外，這些疾病顯然都不像唐氏症那麼常見，所以有任何這類疾病影響懷孕的風險也不大。

這些遺傳疾病有簡單明確的病因，第二大類的疾病則截然不同；年長父親的子女第二常見的疾病包括了幾種腦部疾病，有些的遺傳過程極為複雜難懂，超越任何已知的疾病。例如，精神分裂是現代遺傳學特別棘手的問題，可能比較常見於父親較年長的孩子身上。事實上，有些研究顯示，中年父親的孩子最後發展出精神分裂的比例，比二十五歲以下的男性多出三倍。有些研究者聲稱，這種疾病有四分之一是年長父親生下的孩子。不過其他研究者不同意，認為父親年紀的影響其實小多了。即使這樣，其他的腦部疾病（包括阿茲海默氏式、雙極性疾患〔bipolar disorder〕和癲癇）現在也懷疑多少和年長父親有關。

這些複雜又微妙的疾病發生在人體最複雜、精密的器官，所以父親的年紀對子女健康的輕微影響，顯現在人腦的運作中，或許不奇怪。腦部活動背後有極為複雜的遺傳過程，不同部位必須精準地運作、交互作用，使得人腦生來就很脆弱。人腦或許複雜過頭了。即使看起來健康的人，父親年紀對他的腦部也可能有不良影響。父親年紀大的男性在認知測驗的得分較低，有些研究者聲稱，人類智力的族群基礎變異中，最多有二％是來自父親年紀的差異。有趣的是，母親年紀對智力的影響可能相反，這或許暗示著年紀較大的女性應該找小白臉，生下聰明的孩子。（最後一章會繼續探討這些繁複難懂的策略。）

現在看來，所有認知的影響或許能顯示一個實際的問題，因為有些報告顯示，在父親四十五歲以上時出生的孩子，從出生到十八歲之間的死亡率會高出八〇％。這種死亡率提高的情況有兩個主要的原因，據說是先天異常，以及受傷和意外。目前還不清楚，受傷和意外是因為子女的智力較差，還是父親的警覺性降低。

所以，年齡漸長的男性生殖系統雖然不會造成染色體異常，卻一點也稱不上完美。不過，父親年紀大和母親年紀大的影響差異非常大，或許也不奇怪，因為男性生殖的細胞基礎和女性的差別太大了。女性的卵巢一生中可能釋出幾百個卵子，男性卻可能在射精時一次釋出幾億個精子。卵子等待幾十年，等著排卵，數百萬計的睪丸幹細胞則持續分裂，產生男性生殖所需的一群群精蟲。雌性哺乳類的細胞大概分裂不到二十二次，就發育為一個卵細胞，男性製造精子前的細胞分裂次數則幾乎沒有極限。男性年紀愈大，精子產生前分裂的次數就愈多。這種狂熱的睪丸活動恰恰解釋了較老當父親的遺傳缺點（理由既簡單又複雜）。等到中年男性的睪丸排出精子細胞時，精子細胞的基因可能已經損毀了，修復機制可能失效，或是被我們在第二章看到的宿敵——活性氧化物損害。

說來驚人，現在有證據指出，人類演化出了一些機制來解除父親老化的不良效應。我們已經知道，年紀大的男性不會比較容易生出染色體異常的孩子。而且，還能產生有活力精子的六十歲以上男性，其睪丸細胞染色體異常的情況幾乎沒有增加。相較之下，不再產生有活力精子的老人，睪丸細胞染色體異常的情況的確劇增（這問題當然不會遺傳給下一代了）。我們不知道停止產生精子是因為染色體受損，還是不再產生精子才使得先前活躍的染色體修補機制關閉，但這一切的證據都顯示，男性生殖老化不只是無法控制的衰老過程，而是有著數百萬年天擇在人類身上內建的檢查標準和協調方式。也有人說，演化出中年的勃起障礙，正是為了預防年紀較大的男性有孩子。

中年當父母的第四個，也是最後一個缺點，是產後養育，以及父母年紀可能對子女造成的複雜心理影響。如果父母不是比子女大二十歲，而是大四十歲，孩子的人生會變得不同嗎？男性可以在六十歲有孩子，而女性不大可能在四十五歲之後懷孕，這樣真的會使父親年紀造成變異更大的影響嗎？可惜這些問題很難回答，主要是因為我們不可能對人類養育子女進行實驗。

中年父母的子女成年之後，比較容易回頭抱怨父母疏於關心，或是很少對他們投注情感或精力。他們也擔心，父母會比同儕的父母更早成為自己的負擔。而較年長的父母當然辯不贏這些論點。研究顯示，即使他們的子女不擔心未來得照顧存活雙親的負擔，也可能心生怨懟，因為他們成年後大部分的歲月沒有父親，而自己的孩子可能永遠無緣見到其中一個祖父母。研究顯示，恐懼父母過世（尤其是父親）可能影響青少年的心理發展。另外，在子女成群的龐大家庭中，最年幼的子女可能認為自己是「吊車尾的」（沒人要的意外），不論他們中年的父母怎麼信誓旦旦地保證事情恰恰相反。年長父母的子女也比較可能是獨生子女，父母雖然經濟安穩，溺愛他們，但據說他們可能因此責怪父母讓他們沒有手足，很無聊。他們可能把自己的「孤單狀態」完全歸罪於父母決定生孩子的年紀，甚至覺得和父母比較年輕的同學格格不入。

不過，這些子女通常是計畫懷孕生下的孩子，他們的父母可能比年輕父母更熱切「渴望」他們。而兩代之間更大的年紀差距，可能帶來顯著的好處。其實，年紀較大的父親似乎影響更大，不過這可能是由於父親年紀的變異比母親年紀大的生物事實。例如，年紀較大的父親擔任良師益友的比重，可能大於主動、熱心的尿布更換者角色。也許所有中年腦部的古老變化（將社交的優先順序，重新聚焦在他們偏好的少數人身上，以及傳授文化資訊的衝動）的確會讓中年為人父母與眾不同。

所以，在中年當父母的情況複雜至極。從生物學的角度來看，中年父母的確不如青年父母，這或許不意外。不過，中年為人父母似乎不會比年輕父母差太多。染色體異常的情況會隨著母親的年紀而變得常見，不過仍然不像一些恐怖故事想讓你相信的那麼常見；許多遺傳疾病發生的機率也會隨著父親年紀而增加，不過都不普遍。

這種情況有個模式，而它對人類演化有著重要的意義，也影響了現代夫妻生孩子的決定。中年為人父母的負面生物影響一旦發生，後果嚴重，不過發生得並不頻繁，這和人類演化過程中令人苦惱的那些常見早夭原因比起來，的確不頻繁。史前夫妻在接近四十歲時，很有機會一同生下健康的孩子，接著存活下來，把孩子養大。罕見的情況下，孩子出生時就患有嚴重的基因或染色體疾病，不過這些孩子很可能出生後不久就死亡，父母因此不用繼續給予資源。用這種可犧牲、幾近算計的措辭說起遠古人類嬰兒，或許顯得殘酷，不過事實仍是，在人類的歷史中，命運其實對中年父母有利。

第十七章　真的有「空巢症候群」嗎？

有些中年人忙著讓孩子來到人世，不過對許多中年人而言，這時期是孩子離家的時候。

中年最普遍的現象之一是子女離家。大部分的哺乳類之中，是由父母（通常是母親）主動和後代分離，可能是推開乳頭上的孩子，或把孩子逐出窩裡，或只是把牠留下來設法自衛。人類分離的過程有兩個特別之處：不會在斷奶之後立刻發生（人類在斷奶之後還需要很多年的養育），而且策畫分離的通常是子女。人類的青少年主動拒絕父母，在心理和實質上都與父母拉開距離。因此，空巢症候群符合人類中年「明確、突然、獨特」的三特徵。所謂明確，是子女通常在父母的中年時期離開；突然是指他們離開的行動相對而言令人意外；獨特是指人類的子女通常是按自己的意志離開。獨立的衝動在青春期的行為中根深蒂固，證據顯示，年輕人要成為自主幸福快樂的成年人，這種衝動不可或缺。所以我們大部分的演化歷史中，年輕人很可能在青春期中期離開父母，雖然他們會待在附近的大家庭或部落群體中。

乍看之下，由子女發起的不尋常分離似乎對子女有利，卻完全不顧父母。尤其在本書中，我一直強調，人類生命藍圖根據的是我們對子女的龐大投資。這些投資包括卡路里、照顧和文化：成年人做好準備，要將資源投注到後代身上。那麼不再需要投資，空巢期開始時，人類父母會發生什麼事？

已開發國家中，現代父母花在人生空巢期的時間可能更多了。這多少是因為現代人活得比較久，不過也是因為二十世紀養育子女的模式改變了。雖然有些女性現在比較晚建立家庭，但許多女性仍然在二、三十歲的時候開始（並且停止）生育，這表示最小的孩子離家時，她們還很年輕。雖然空巢「階段」可能的實際長度最近增加了，但還是值得我們了解空巢「症候群」（至少檢視它典型、病理的形式）是否真的存在。孩子離家一定會造成不良影響嗎？空巢期主要影響的是女性嗎？這種症候群固定不變，而且無法避免嗎？

一九六〇年代的醫學文章把「空巢期」形容成，母親對青少年子女即將離開或剛離開的一致反應，認為這反應有兩種不同的情況。「外顯」的情況會明顯表達怒氣，和逃離的子女發生嚴重爭執；而「隱性」的情況則是無特定目標的不滿和憂鬱。外顯的情況據說發生在教育程度比較差、結婚之後較早就懷孕、朋友比較少、沒工作，尤其是當時沒有婚姻關係的女性。有個令人不解的主張指出，外顯的情況容易發生在「歐洲價值觀」的女性，而隱性的情況則比較常見於「美國價值觀」的女性。

這些早期論述的口氣或許奇怪，卻仍提出一些今日尚未解答的空巢期問題。例如，如果你有工作、朋友或配偶可以轉移注意，會比較容易接受子女離家嗎？女性受到的衝擊比男性大嗎？個人的空巢期經歷會受到他們當時的性情影響嗎？

對以異性夫妻為中心而建立的核心家庭，子女離家顯然代表一段變動的時刻，接下來是相對的穩定。另外，許多人認為「空巢症候群」是真的，他們親身經歷過。他們說，空巢期時會感到悲傷、茫然，特別會在離家子女的臥室遊蕩，一邊回憶，或是重拾和子女殘存的情感連結。空巢症候群發生的高峰是在學年開始時，這時年輕人離家上大學去了。另一個高峰是子女結婚時，這時子女通常已經離開父母家很久了。子女象徵性的離開或實際的離開，顯然都能引起空巢的感覺。有些父母甚至在老么開始上學時，感受到心痛的悲傷。

如果這些空巢症候群的紀錄，只是顯示任何人在情感世界強烈重組時，都會發生的簡單平凡反應呢？如果真是這樣，那麼空巢就完全不是明確的「症候群」了，也不會是人類心理發展一個獨立而特色獨具的部分，平常深藏在內心深處，等著在中年展開；那麼一來，空巢期只是反映了一個單純的事實——子女常常在父母中年時離家，而他們的離開有時會惹父母難過。

其實研究顯示，子女離家和中年父母憂鬱，或是更年期不良症狀加重之間，並沒有明顯的關聯。甚至有些人提出，空巢期和正向心情與幸福的得分提升有關，也和婚姻滿意度上升有關，雖然不確定這是因為照顧青少年子女的壓力解除，還是因為財富增加導致。許多心理學家現在認為，子女離家對父母親的心情並不會造成單向而單純的影響。父母的反應可能從哀傷難過到解脫自由。有些專家甚至把空巢症候群說成迷思。我個人認為空巢症候群算是存在，不過它只顯示了人類對同樣刺激的情緒反應，會有多大的差異。

一般認為空巢期對母親的影響大於父親，不過這是真的嗎？

許多演化生物學家認為，男女的生殖角色不同，免不了造成男女的分工不同，這種分工方式在大部分的人類社會仍極度類似。不論是否源於生物特性上的需要，在大部分文化中，的確期待女性為子女提供情感的安全感，而期待男性提供實質的安全感，和穩定供應的資源。有人認為，由於兩性的這些分工，母親身為照顧者的功能會在子女的青春期早期開始減弱，而父親扮演的照顧者角色則維持更久，尤其是在大家庭中。按這種論點，女性會在中年失去照顧者的角色，男性則保持到老年，所以女性似乎比較常有空巢症候群。

然而，我們的演化歷史和空巢期後憂鬱的關聯沒這麼簡單。首先，異性戀伴侶之間的分工，可能不像一般主張的那麼容易預料。畢竟男人會抱孩子，女人也會蒐集食物，人類歷史中，情況可能都是這樣。要完成夫妻的工作，分工合作似乎是很有效率的方式，這種情形常發生在同性夫妻、沒孩子的異性夫妻，以及所謂角色「互換」的異性父母，不過不同伴侶、不同文化的分工細節可能有差異。一般的觀念認為，大部分的人類歷史上，男性是主要「討生活」的人，而這觀念受到某些社會學家的質疑，他們反而把一八七〇到一九六〇年的這段期間，視為西方文明的「非典型時期」，是這時的女性「賢慧持家風潮[1]」（cult of domesticity）暫時扭曲了夫妻之間正常的角色分配。

不論事實如何，子女離家這件事都意外地複雜，如果父母的反應不同，也不奇怪。首先，研究顯示，家中有孩子的男性比較容易覺得自己有男子氣概，女性對自己女人特質的評價卻沒受什麼影響；因此，空巢期對父親自我形象的影響應該比母親大。第二，中年父母也會被他人的眼光影響。例如研究顯示，一般人看到男性帶個孩子，第一印象會覺得他應該為人寬大、社會經濟地位高，而帶孩子的女性則讓人覺得沒那麼有事業心。中年夫妻的孩子離家之後，這些外界的觀感或許會改變。第三，證據顯示，母親和父親對離巢的孩子可能有不同的反應。有些心理學研究顯示，父親對於離巢孩子，與生俱來一種正面、積極的態度，據稱父親容易把兒子看成別人代理的第二次人生機會，而女兒離開父母家很久之後，他們還常有保護女兒的強烈衝動。相反地，母親對不在身邊的子女的態度比較曖昧，例如她們會嫉妒女兒性愛和受教育的機會。

「空巢症候群」進一步的問題是，這說法過度簡化了家庭運作的方式。空巢症候群反映了一種假定的看法，那就是，所有家庭都是由兩個結合一輩子的異性父母、少許孩子組成，這些孩子是在父母選擇的時機懷上的，那世界的人口統計和經濟狀況是，年長的親戚和離家的子女經濟獨立，住在離其核心家庭一段距離的地方。「空巢症候群」被發明出來時，正值一九六〇年代，當時已開發國家的中產階級中，這樣的家庭結構或許占了大多數。不過在那之後，這樣的家庭已經逐漸減少。更重要的是，這種家庭結構在從前的人類歷史中也沒那麼常見，甚至在我們演化過程那漫長的人類史前歲月，也一樣少見。

1 「賢慧持家風潮」是指當時流行於英美中上層階級的價值觀，強調女性應專於家務，扮演家庭的中心，做一個好太太、好媽媽，培育道德高尚的下一代。

因此，與其著眼於最近才發明出來的「症候群」，我們應該問的是：巢什麼時候注定要空？現在的孩子是在「不自然」的時間離開父母家，所以才讓父母更難承受他們的離家嗎？

對許多現代人類而言，空巢期開始於他們決定生最後一個孩子之後的十六到二十年。所以空巢期通常不是依據夫妻的生理來決定，而是他們先前的家庭組成偏好。從前並不是這樣。在人類演化的大部分過程中，許多成年人活過中年，甚至活得更久，而女性會持續生孩子，直到生育力在四十歲之後自然衰退。因此，人類演化的結果，是大約坐五望六時才進入空巢階段。事實上，你也可以主張，將中年定義成自由性交不避孕的夫妻照顧老么的時期，或許介於四十二到五十八歲。

計算空巢期的「自然」年齡，會得到一個必然的結果——今日空巢期發生的時間早得不自然，這是因為夫妻決定人工限制他們的生育力。其實我們可以說，把懷孕延遲到四十歲的「職業婦女」才會在接近六十歲時進入空巢期，這正是人類大部分的歷史上空巢期「自然」發生的時候。這些晚生孩子的人是否發現，自己在演化後最適合處理空巢期的時機，正好經歷這個狀況呢？思考這個問題，實在有趣。

我們預測的「自然」空巢期時間晚得驚人，不過從孩子的觀點，這樣的預測確實顯示人類生兒育女天生很有彈性。人類歷史上，養大孩子的都是青年或中年父母，（至於是青年或中年父母，完全取決於父母懷他們的年紀）。養育子女的，可以是有生育力的父母，也可以是無生育力的父母，這種人類的生物現象其實是特例，其他大部分的動物完全沒有這種情況。

空巢期另一個有待解答的面向是，子女獨立時，「應該」和父母疏離到什麼程度。我們常假設史前人類會組成遊牧的小型團體，各以幾個大家庭為基礎，不過我們對人類演化史上大部分的家庭和社會結構的了解，其實少得驚人。我們不知道環境和文化的影響，會讓成年子女待在父母身邊，還是會把他們趕走。例如，根深蒂固的衝動，可能促使有親源關係的親戚將大家庭維繫在一起；但家族也可能散開，以免為了稀有的資源而起爭執。此外，人類學家也提出，早期人類發展出刻意和鄰近部落交換青年的傳統，以防止近親繁殖可能的悲慘後果（近親繁殖可能讓與外界隔離的一小群動物走上毀滅之途）。

已開發國家裡，經濟需求嚴重扭曲了空巢現象。子女現在可以搬到距離父母很遠的地方去追求事業，這可能造成嚴重的情感分離。「事業遊牧民族」的現象在二十世紀下半變得非常明顯，在高社會經濟地位的家庭尤其顯著。情緒效應也可能因為中年女性重回就業市場的趨勢而惡化，因此比較沒時間探望遠方的孩子。然而，過去幾年來，現代電子通訊多少減輕了這種情感分離的狀況。臉書和 Skype 能不能重建部落，還有待觀察。

光譜的另一端是回到父母家（「還巢子女」）或完全沒離家的子女，這種情形通常是經濟因素所導致。直到最近，這種現象的主要原因仍是失業、繼續深造導致的經濟拮据，或單純惰性使然。今日購屋的龐大花費，也成了空巢期不再準時發生的另一個原因。有些國家的許多青年和父母同住，正是這個原因，而這些父母的反應常常是補貼子女頭一次買房，他們甚至會鼓勵子女結婚，藉由結婚集合兩個青年男女的收入，搆到房產之梯的第一道橫木。然而，經濟本身無法完全解釋子女還巢的現象，因為家庭結構也占了一個因素。例如，最小的孩子比兄姊更可能留在家，長子或長女則最不可能留在家裡，或許年輕人離開父母家，除了逃開父母，也是為了逃離手足。另外，父母的一方和新配偶再婚，似乎能強烈阻止孩子考慮留在父母的屋簷下。

其實人們對留在家的孩子的反應，顯示空巢期是人生一個有益而值得經歷的重要人生階段。中年父母常常表示，賴在家的成年子女沒完全獨立、沒工作或單身，會讓他們覺得丟臉。研究顯示，中年父母的幸福和他們眼中子女在外面的世界是否獨立、成功，很有關係。研究也顯示，父母常常因為自己痛恨礙事的成年子女在家破壞他們的生活，而覺得內疚。另外，雖然沒有資料記錄「巢不空」對父母心情的影響，但有報告指出，這會降低中年夫妻性生活的頻率。雖然我們可能拿此開玩笑，但空巢期或許真的是夫妻可以期待再一次衣不蔽體地走來走去、不用擔心孩子出言抱怨的時候。

空巢期還有一個常被忽略的面向，那就是，空巢期常和中年人開始擔心父母健康的時候重疊。我們身處在人類歷史的一個特別時期，現在年老衰弱不會立刻導致死亡，而中年人常覺得自己被夾在中間，是個「三明治世代」，必須同時照顧還沒離家的孩子和病痛的父母。而「病痛」是重點，因為中年人的年老父母如果健康，那他們通常可望在比較平等、地位相當的立足點上，和父母重新協調關係。有些研究顯示，健康的父母可以成為強力的支柱，而不健康的則取代子女那些「舊」負擔，成為新的負擔，讓夾在中間、必須照顧他們的中年人，事業常常因此停滯，經濟陷入困難。要知道這種狀況實在不自然，因為泰半的人類歷史中，不健康的年長父母很快就會離開人世，而且比起青少年子女離家，他們的離開更加無法挽回。

所以，雖然空巢期是人類中年最一致的現象之一（甚至可說只有空巢期可以在數字上定義中年），空巢期的影響卻沒那麼一致。有些人覺得空巢期是解脫，有些人則覺得是詛咒。空巢期並不是內建的心理反應，而是子女通常在父母中年時離開，空巢期不過只是中年父母對此產生的正常反應。在「病態」的空巢症候群這個概念發展出來的那個時空中，社會眼中的女性角色反常地著重於養育子女。當時試圖以醫學處理正常現象，因此把焦點放在對空巢期有負面反應的人。

甚至有人認為，導致空巢的狀況變成壞事的，只有一個原因，就是父母和孩子之間的權力不對等。如果青少年對離開家庭感到焦慮或憂鬱，那麼他們常常可以向朋友或家人坦承自己的感覺。不過有同樣感覺的中年父母，情感卻受到孤立。他們常覺得沒辦法跟朋友討論自己的憂心，當然也沒辦法跟子女討論；他們擔心別人覺得他們沉溺在過度保護的情緒勒索之中。

然而，人生不公平，父母的不安全感確實不該妨礙子女首次進入外面的世界。演化理論告訴我們，年輕人就是比年長者重要，所以中年空巢期的父母有時得忍著別開口。然後或許呢，開始擁有更多的獨立性、樂趣和性愛。

第十八章　明天你還會愛我嗎？

許多夫妻納悶，他們的性生活和感情生活到中年時會變成什麼樣子。中年的這個人生時期裡，如果這對夫妻的子女離家了，他們的關係必定會回歸本身，從一個多人的單元恢復為兩人的單元。不論是否為人父母，是異性戀還是同性戀，每對夫妻逐漸來到人生的中點時，都會經歷許多生理和心理的轉變。如果他們和從前不大一樣了，他們對伴侶會有什麼感覺，伴侶又會對他們有什麼感覺？中年時期，長期的關係變得格外脆弱。當從前年輕時戀愛、追求成功和養育子女的衝動逐漸減退，人們可能突然變得意外看重伴侶對這一切改變的反應，但伴侶的反應卻是無法預測。我們雖然是極度社會性的物種，卻一直沒能真正了解其他人；這是人類生命的永恆矛盾。儘管我們或許很希望了解別人（或許希望非常了解我們的愛人），但我們永遠無法完全了解別人在想什麼，或是他們會做什麼。這種不確定感在我們二十多歲時或許令人興奮，但中年時期卻令人恐懼。你和這個人一同建構了整個成年的人生，現在你們年紀都大了，而且一同獨處，對方會怎麼反應？

乍看之下，我們對演化和天擇的了解，讓這種狀況顯得更不確定了。人類和其他形成單一配偶養育後代的哺乳類一樣，隨著後代長大，父母不再那麼需要投資在他們身上，於是，結束伴侶關係、從頭開始的這種選擇，不再那麼令人反感。此外，以經濟學來看，中年夫妻的財產增加，如果在這時分開，財務上比較能夠處理。更糟的是，這段時期異性關係中的兩性差異變得尤其不公平。中年女性擔心如果關係破裂，她們無法過新的人生。她們在別人眼中的魅力下降得比男人快，賺錢賺得比較少（尤其她們可能為了照顧子女而中斷事業），而且生育力正在下降。男性完全不會有這些問題，因此中年時在感情方面有更多的選擇，包括換個長期伴侶，實際投入連續式的一夫一妻制。意識到男性進入新關係的彈性比較大，也會在所有中年的關係中產生新的、常常是不言明的緊張感。

最後這一章的目的，是探討中年的感情關係發生了什麼事。無法控制的各種驅力一同使得中年關係變得天生不穩定嗎？或是有沒有神祕的力量能維繫他們的關係？多少中年人出軌，為什麼呢？我也會思考中年關係失敗，是否代表人類根本不曾演化成一夫一妻制。我們在中年不離不棄，其實否認了我們的本性嗎？

聯合國公布的估計資料指出，到了四十九歲時，八九％的人類都會結婚。這個統計結果很驚人，無疑地也是許多研究只針對夫妻的主要原因——畢竟法律認定的異性關係，代表的是一個容易辨識的龐大取樣群組，對研究人員熱切地招著手。當然，許多人是同性戀，也有許多異性戀的人沒結婚，所以研究夫妻所得到的數據永遠無法讓我們看到全貌。有大量的研究旨在探討「非婚姻」的關係在中年的變化，不過這些關係的動態變化其實或許沒那麼不同。畢竟目前大部分的同性和未婚異性，他們的基因（以及至少部分的行為特質）都遺傳自他們的異性夫妻父母。

在已開發國家中，長期關係的世界近年來已經改變了。現在比較多伴侶同居而不是結婚（歐洲又比美國多），不過婚姻關係仍然盛行，大多數人在人生的某個階段仍然會結婚。愈來愈多人忙於應付事業和養育兒女，男性照顧兒女的直接角色變得更重要了。另外，愈來愈多人離婚，而離婚後再婚的人愈來愈少（雖然離婚率升高的這個情形，很可能也減少了相敬如賓、家暴或其他令人不滿的婚姻）。所有這些趨勢都顯示，人們人生中有婚姻關係的時間愈來愈少了。

已婚男性和女性的年齡比例有驚人的差異。男性結婚或同居的比例在成年之後逐年增加，女性則在中年達到高峰，已開發國家大約落在四十五到五十五歲之間。這種不一致的現象有兩個主要的原因：女性通常活得比她們的丈夫久，還有女性在分居或喪偶之後比較不會再婚，於是女性不再婚而寡居的情況，最後會比男性多五倍。因此，不論男性年輕時如何，他們之後的確會想結婚，而男性單身者的平均餘命會劇減，女性則沒有這種情形。這些趨勢用不著等到老年就已經很明顯了；中年男性已婚的比例已經比中年女性多了（在一個研究裡，男女分別是八二％和六九％）。或許就是這樣，所以報紙上常常有中年女性寫文章抱怨適合的中年男性太稀少。這種對比顯然無法由壽命長短的差異來解釋，因為之前已經說過了，很少人死於中年。因此，一定有不少中年男性和非中年的女性結婚；通常是二、三十歲的女性，其中許多是第二任妻子。我們已經知道，這或許和男女根深蒂固的伴侶年紀偏好比較有關，而和「中年危機」無關，然而中年兩性不均衡的現象仍然驚人。

話說回來，統計並沒有顯示中年特別容易有關係破裂的困擾。離婚大部分就這麼發生在人生中二、三十歲的時候。說來有趣，這個時期戀愛的熱焰和生育的火花應該最為熾烈。相較之下，中年卻是關係相對穩定的時候（尤其如果我們假設，許多中年離婚的夫妻早就計畫離婚，只是決定等到孩子長大才分開，那麼中年離婚的數字其實是因為這些人才提高的）。中年婚姻雖然讓人想到許多壓力和恐懼，似乎卻意外地堅固。顯然有些因素支持著中年的婚姻。

「愛」通常有幾個階段。最初愛上另一個人時，愛完全是腦內的現象。接著來到令人興奮的階段，雙方經過彼此激烈的心理重組——他們對彼此變得天真，把彼此理想化，否認對他們心儀對象的任何批評。這個愛情階段不只是心理現象，身體的化學狀態也發生變化。最近發現，剛陷入戀情時，血液中的某些化學物質會大量增加，覺得衝擊特別強的人，血液中這些化學物質的濃度甚至會比較高。下一個階段裡，關係會比較平靜、比較真實，許多和愛情有關而可量測的化學變化消退了。這種化學與心理變化發生的時機，大概是人類因為演化而把注意力從伴侶轉移到兩人愛情結晶身上時。在成年初期相遇的夫妻來到中年，這種化學激發的火花早已轉化成調整後的關愛。

研究顯示，中年關係的失敗是某些負面影響作用下的結果，這些影響對較年輕時的關係失敗都沒那麼重要。常有人表示厭倦和喪失活力，而且種種事件常讓夫妻在這時候意識到，伴侶關係和感情跌到了谷底。過去引發爭端的種種可能浮現，例如研究顯示，如果一方婚前的性伴侶比另一方多，那麼這場數十年婚姻比較容易發生性生活不滿意的狀況。雖然中年夫妻彼此不溝通的情況已經是陳腔濫調了，但有些心理治療師認為事實恰恰相反——中年伴侶太擅於潛意識的溝通，所以他們常常不需言語討論，就能交涉出輕鬆但沒有愛和感情的關係。

中年時與伴侶的關係似乎特別令女性苦惱。中年女性可能頭一次坦白表示她們對伴侶的失望，常常批評他們被動、不願改變、情感依賴，或是無法養家。研究顯示，已婚女性的自尊比較取決於婚姻中感覺到的愛情承諾，而男性的自尊和性生活比較有直接關係。在不快樂的婚姻中，女性表述身心健康問題的比例比丈夫高。如果開始關係諮商，女性比較容易有負面情緒，男性則容易自我防備。此外。證據顯示，青年女性（未婚女性二十多歲和已婚女性三十多歲時）最擔心的是外表，而這些擔心在中年只會緩慢地減少，而且女兒開始約會時，或是意識到自己未來的戀愛選擇變少，丈夫的選擇卻變多時，這些擔心往往會暫時加重。

男性表述的婚姻滿意度高於女性。這當然可能是由衷的感覺（我們知道男性可能天生樂觀），但也可能是反映了男性比較不會透露問題。有些男性甚至表示，他們很訝異自己認為婚姻完美無缺，妻子卻不滿意。研究也顯示，對男性而言，結不結婚比實際的婚姻「品質」更重要。除了前面提過性愛的重要性，男性婚姻幸福的另一個因素是，他們感覺到關係中維持了「正統」的性別角色。之前說過，夫妻之間情感和實際的角色通常分配不均，這種需求非常強烈，尤其對男性而言。其實，這種需求甚至強到，同性夫妻在關係中也發展出類似的失衡狀況，顯示人類劃分關係角色的驅力甚至比生殖的欲望更普遍。

不過中年人類非常複雜，而著眼在失敗的婚姻可能讓人誤解中年的狀況，畢竟大部分的婚姻不會在中年失敗。中年人還是會在伴侶身上尋找優點，雖然他們看到的可能跟二十年前不同，比方說，他們比較容易提到寬容、對等和可靠這樣的特質。對青年而言，這些特質可能聽起來乏味又保守，目的只是為了在你們的關係中保護你，而不是可能鼓舞、誘惑你，讓你魂牽夢縈，不過或許到五十歲時，我們之中有些人經歷的鼓舞、誘惑和魂牽夢縈已經夠多了。

身體的吸引力在中年仍然重要，不過其他特質也很突出。我們都知道伴侶身上的聰明、幽默、仁慈和創意很吸引人，而演化生物學家認為，我們喜歡這些特質，是因為那是擁有健康基因的跡象，表示有能力照顧後代，為他們提供資源。不過，這些特質在人類的中年還有其他重要角色，因為這些特質可以維持到外表衰退之後，甚至可以在潛意識中提醒我們，眼前那個一身皺紋、肥胖下垂的傢伙，真的是我們以前勾搭上的那個年輕時髦玩意兒。夫妻受到這些不會衰退的特質吸引，或許能在中年維繫他們的關係，甚至到中年之後。

說來意外，生物學家也提出，大擇在中年這段時間可能有利於好人。女性選擇男性當自己孩子的父親時，常常選擇看起來基因最好的配偶。不過最近的研究顯示，女性選擇外表和身材略遜一籌的男性，或許是有道理的，只要該男性表現出他很可能給後代充裕的照顧。天擇的重點就是產生成功的後代，不過許多物種（尤其是人類）想產生成功的後代，不只需要良好的遺傳，還需要父親完善的照顧。因此中年時期，和這些基因略遜一籌、卻是完美家長的男性結婚的女性，或許終於出頭了。按這個理論，這些男性的伴侶年紀增長時，他們還會繼續照顧孩子；比較體面、基因比較完美的男性則會跑走，另尋伴侶。

描述現代婚姻、用這些發現推測其他的長期關係，雖然是不錯的主意，不過我們有個關鍵的問題還沒解答。終生一夫一妻制真的是我們演化出來度過一生的方式嗎？一夫一妻制或許是今日已開發國家盛行的異性關係，不過的確可能只是現代人工的產物。如果回顧人類歷史，發現終生一夫一妻制並不是常態，那麼我們對現代婚姻的自然歷史就得完全改觀。男性注定在中年離開伴侶、和新對象試試運氣嗎？或者女性注定如此嗎？人類是天生的連續式一夫一妻制，或是一夫多妻，甚至雜交呢？

換句話說，中年關係的試煉是否顯示，我們把其實不自然的繁殖方式強加在自己身上了？

哺乳類的一夫一妻制並不常見。所有哺乳動物中，只有三%到五%是一夫一妻制，包括草原田鼠、河狸、犬羚（一種小羚羊）和一些狨猴與蝙蝠，這些物種的子女通常能得到雙親的照顧。然而，別種動物比哺乳類更常實行一夫一妻制，大約九〇％的鳥類是一夫一妻制（有連續式，也有終身一夫一妻），同樣地，大部分的鳥類是由雙親照顧後代。然而，一夫一妻制在我們的近親之中並不常見（巨猿不是一夫多妻，就是雜交制），所以非常久遠的過去某個時候，人類的祖先可能並不是一夫一妻制。

有些人類學研究顯示，一夫多妻仍然是人類繁殖方式的主流，在所有文化中大約占了四分之三。然而，允許一夫多妻，不表示大部分男人會娶多個妻子，也不表示一夫多妻代表了原始的男性對性事貪得無厭。在「一夫多妻的社會」裡，大部分已婚的男性只有一個妻子，這通常反映了他們的社會或經濟地位。另外，如果男性娶超過一個妻子，通常是「繼承」自其他已故男性親戚的妻子，這情形一般發生在男性的中年時期。一夫多妻婚姻常見的模式是，有個備受疼愛而優越的大老婆和丈夫以一夫一妻制過了很多年，他才娶其他妻子。一個在伊索比亞的研究顯示，一夫多妻男性的第一個妻子似乎表現得比一夫一妻的妻子好——她們較早結婚，表示「婚姻本錢」（或許是財富、地位和美貌）比較雄厚，而且子女身高較高、體重較重，營養比較好。之後一夫多妻的妻子年紀較大，表現沒那麼出色，顯示這些女性結婚只是為了「把壞差事盡可能做好」。因此，一夫多妻並不像表面上那麼普遍，而且未必顯示了男性權威壓迫女性的自私心態（一妻多夫和一夫多妻相反，是一個女性和數個男性結婚，這情形並不常見，或許是因為族群用這種方式產生孩子非常沒效率，大部分女性的生育力都浪費了）。

有關一夫多妻在人類歷史上的普及率，我們握有的生物學證據彼此間有些矛盾。舉例來說，科學已證實，可以藉由追蹤Y染色體上基因的散布情形，得知某幾個古代人是一大堆人的直系父系祖先。某個研究顯示，現代人類族群之中有〇．五%是近親，這或許是一名中亞男性一夫多妻的結果（據推測，此人是成吉思汗）。不過，其他遺傳學研究顯示，一夫多妻在人類歷史上相對而言並不重要。比較X染色體和其他染色體的基因重排程度，顯示人類過去女性和男性繁殖率是一．一到一．三，這表示絕大部分是一夫一妻制。另外，要知道男女比例不是一比一，可能的原因不只是我們的祖先偶爾會一夫多妻，他們也可能是連續式一夫一妻制，或只是出軌。

對其他物種的研究顯示，想知道某種動物的生殖模式是否為一夫一妻制，有些簡單的數值可以當完美的指標。例如體型就是很好的指標，一夫多妻的靈長類，雄性的體型通常是雌性的兩倍大，而長臂猿是一夫一妻，雄性和雌性則體型相同。人類男性的體型大約是女性的一．二倍，和大猩猩的二比一差距較大，比較接近長臂猿的一比一，這現象再次顯示，我們在一夫一妻和一夫多妻的光譜上，偏向一夫一妻的那一端。我們已經知道，某些生物特徵在其他物種是雜交的指標，當我們檢視自己的這些生物特徵，也會得到相同的結果。雜交物種的雄性睪丸大，還有獨特的精子形態，以增加牠們精子在多次交配的雌性身上贏得衝向卵子的賽跑；相較之下，人類的睪丸比較小，精子顯得非常沒活力。

這些證據使得一些研究者產生非常極端的看法，認為終生一夫一妻制是智人原本的生殖模式，而且中年男性繼續和停經的配偶在一起，雖然會限制自己的生殖，卻是完全自然的表現。我們人類會採用那麼「鳥」的策略，當然有很好的理由。例如，父母在子女身上的投資對人類格外重要，或許可以說，男性如果專心照顧一個女性的後代，而不是生許多孩子卻因為父母疏於照顧而死去、受苦或失敗，這樣能產生更多成功的後代。的確有證據證明，男性的性趣會偏向已經生出他們孩子的女性。玻利維亞一個針對採集種植社會的研究顯示，子女比較少時，男性比較可能「外遇」，而這情形符合青年比中年人容易外遇、離婚的發現。（不過我們不能排除中年人的外遇比較少，有可能是因為不再有人想跟他們上床了。）

終生的一夫一妻制或許也有其他好處。男性之間的合作是人類社會順利運作的基礎，不過如果男性之間的性競爭不受控制，就可能嚴重危及他們的合作。因此，有人認為，追求一夫一妻制的男性和女性，比較可能組成和平而成功的社群。這些人並不是「選擇」實行一夫一妻制，而是因為幾千年來，有一夫一妻基因的人繁衍得比較興旺。以此為背景，值得注意的是，在性解放的現代社會之中，大多數人（不論是否為異性戀）最終還是會希望建立一對一的伴侶關係，而不是其他感情或性的關係。

然而，不少這類的理論也不排除，人類原始的繁殖系統其實是長期的連續式一夫一妻制。許多現代的狩獵採集社會也有這樣的系統——男性和女性成為十年或十年以上的伴侶，但之後又分開，找別人在一起。隨著年齡變大，之後在一起生孩子的機率會下降，但這並沒有阻止交換伴侶的情況發生。在這些社會裡，人類有時也有「婚外」的性關係，尤其容易發生在年輕的時候。

許多人類學家現在認為，社會對連續式一夫一妻制不以為然，但我們目前的終生一夫一妻制其實是人工的產物，是我們面對宿敵時做出的情急反應，那些宿敵就是農業和定居的生活。研究者提出幾個理由來解釋為什麼農耕、定居、財產和繼承，可能使社會強迫其成員實行終生一夫一妻制。首先，農業革命之後，人們被迫比鄰而居，而一夫一妻制度化或許單純是人們對此的應對之道。在這些狹窄、貧困的狀況下，男人更不能為了性而彼此競爭。因此，這個論點認為，被迫的終生一夫一妻制成功地壓抑了這種毀滅性的競爭，這甚至能解釋為什麼許多社會對於通姦會有過分殘酷的處罰。第二個理論是，農業出現之後，男人除了基因，還可以給後代更多的東西。他們現在還有財產可以傳承，而只有一個妻子，表示這財產不會被分給太多後代。有許多子女時，財產分配是無法避免的結果，但如果這些子女繼承到的土地不足以養活一個人，那麼讓多個母親生下一大堆嬰兒就完全是反效果。

我想提出第三個理由，解釋為什麼農業會導致一夫一妻制度化（換句話說，就是婚姻）。這理由和許多先前的理論不同，它將女性為了提高孩子生存和成功機會的種種努力也列入考慮。先前我們看過，農業的出現讓人類生出的嬰兒數目達到前所未有的新高。也因為這樣，世上幾乎所有人類都生活在以農業為基礎的社會之中。農業的影響很糟糕，卻是一個行得通的系統。然而，照顧一小塊土地的夫妻生下健康孩子的能力，受限於那一小塊土地的生產力。如果一個中年農夫生了一堆子女之後，決定離開他的妻子，那麼他會面臨一個麻煩的抉擇。他可以把土地留給她（或許不大可能），讓她養育他現有的子女，或是自己留著土地，和新的女人從頭開始，讓先前的孩子挨餓。他無法選擇把半塊土地給前妻，留著半塊養活自己、新任妻子與他們可能生下的子女（即使可以，這塊土地很快就會被一大堆孩子瓜分，他的兒子或孫子遲早會面臨相同的困境）。因此中年男性無法離開，中年女性得到一些保障，而社會訂下終生一夫一妻制，把實際上無可避免的安排變成了正式的制度。

就這樣，一種概念形成了。史前人類可以選擇一夫一妻制（可能是連續式，也可能是終生的），其間插入一些外遇（尤其在年輕時）。這種不大明確的自然繁殖系統可以解釋，為什麼遺傳和生物學的數據顯示人類幾乎是一夫一妻，幾乎不雜交；也能解釋為什麼大部分的人不由自主地想成為一對一伴侶中的一員。之後，這種自然的繁殖系統才被農業的終生一夫一妻制需求取代，不論我們喜歡與否。

就是農業前的天性和農業後的文化產生衝突，才造成今日這麼多的問題。能不能告別終生一夫一妻制，換成嚴重威脅中年人感情關係的連續式一夫一妻制，取決於個人不言自明的能力。

那麼，中年出軌的情況有多普遍，出軌一定是分手的預兆嗎？

不出所料，數字再度集中在婚姻，而不是非婚姻的長期關係。有些研究者主張婚姻出軌太罕見，因此無關緊要。出軌的情況在許多國家的確很低（任一年中，已婚人士可能只有一・五%會出軌），不過數十年來，這樣的小數字也會累積。據估計，已開發國家有四〇%到六〇%的已婚人士至少曾經有過一次外遇。填寫研究問卷時，人們當然不願意承認有外遇，許多外遇可能太不如意或太痛苦，所以為時短暫，不再重複，而且其實並不重要——至少在統計學上不重要。

不過，研究中年男女外遇的演化驅力，仍然有趣。對於古代狩獵採集的人而言，男性在一對一之外的關係產生孩子的可能好處相當大（我把農業前的一夫一妻制配對稱為「一對一」〔dyad〕，因為我不知道當時有沒有現在所謂的「婚姻」）。畢竟這些男性可以投入非常少資源，就多一個孩子，而他們不忠的事幾乎可以確定不會被發現。他們也能利用人類性行為的一個特質——通常發生在隱密的地方（其他物種很少有「隱密」的性行為，據說人類的性交模式變化自其他巨猿不想被平常的配偶發現時，採取的「隱蔽」性交）。古代男性不忠，穩賺不賠，這種本性或許能解釋有外遇的男性通常說自己盲目而按直覺走，甚至無法思考行為的後果，天真得難以置信。或許一萬兩千年前，這樣的行為並沒有報應。

不忠的傾向的確似乎是深植在人類男性族群的現象，雖然有些男性的狀況比其他人更糟。研究顯示，有些男性會因為情緒功能低下而發生短暫的關係，有些男性的傾向則和正面的人格特質有關，例如自信和高自尊（經歷一連串短暫關係的女性則沒有這種情形）。

另外，最近的生理學研究發現，許多物種單一配偶與守護配偶的腦部程序，也在決定男性有沒有外遇上扮演了某種角色。例如，催產素（oxytocin）和精胺酸增壓素（arginine vasopressin）這兩種化學物質分泌的情況，已知是某些田鼠種類建立與維持一夫一妻配對的關鍵。催產素與精胺酸增壓素系統的差異，或許能解釋為什麼有些田鼠種類是一夫一妻制，有些則不是，而在許多脊椎動物的社會中，親密關係背後可能都有類似的機制。有個基因負責製造的蛋白會和精胺酸增壓素結合，說來有趣，有這種基因的男性比較不會結婚，如果結婚了，他們伴侶的婚姻滿意度調查評分通常比較低，感覺到的關係強度也比較低。此外，有個與多巴胺有關的神經系統也和不忠有關——有個基因會製造多巴胺結合蛋白，如果男性的這個基因屬於某些變異型，他就比較可能有一夜情。

非要說的話，女性外遇的原因就更複雜了。懷孕和哺乳的負擔是她們在承受，所以狩獵採集的女性要有一對一之外的性交，想必有很具說服力的理由。許多靈長類的雌性擁有多個性伴侶，是為了達到各種目的——平常有更多雄性保護、從多個雄性得到資源，或是離開原配而和更理想的新對象在一起的前奏。中年人類女性是唯一生育力有時限的動物，因此面臨了一個特別棘手的抉擇。有人主張，許多中年女性和其他雌性靈長類相同，外遇是一種在最後機會「基因掠奪」的手段——為了由一個遺傳上特別迷人的男性，讓她們懷上最後一個孩子，而她們打算回到平時的伴侶身邊，讓他幫忙撫養這個孩子。因此女性外遇的驅力也一樣強烈（懷孕對女性而言是承諾極大的一步）——只是她們的賭注比較高。

所以，中年女性外遇有非常強烈的演化理由，這可以解釋為什麼中年女性外遇的機率只比中年男性低一點點（研究顯示低了十％到三〇％）。而一對一之外的性愛對女性的確有享樂主義的吸引力，女性外遇時比較容易達到高潮。

大部分的人類史前時期，人類通常穿得不多，在隱密的地方性交，而且沒辦法做親子測試。中年人有時候會有不恰當的念頭，還算奇怪嗎？

說到恰不恰當，有充分的證據指出，現代中年人可能是感情和性愛有害風化的一群傢伙。人類為了各種理由而調情，為了吸引長期或短期的伴侶、排解無聊、激起性慾、重新確立自我形象、表現自己性的自信，或是刺激伴侶的警覺性，而中年時，調情可能比青年時期更不遮掩。青春期那種猶豫、漫長的追求已經是過去式，到了中年，人們常常急於切入正題。不過研究顯示，中年調情的重點常常不是吸引新伴侶，而是操縱現有的伴侶。演化生物學家愈來愈注意性嫉妒的現象。我們現在認為這是有利的特徵，可能防止許多不好的事，如失去伴侶、失去社會地位、把資源讓給另一個女人的後代，或是意外養了其他男人的孩子。這一切引起嫉妒的東西在人類來到中年時，仍然是可能的威脅。留住伴侶的方式，除了激起嫉妒，還有美貌或生育力，但在中年時期，嫉妒之外的方式漸漸不管用了。說來矛盾，性嫉妒在中年可能變得更強烈、更重要，儘管我們的伴侶對其他人沒那麼有吸引力了。

現在已有明確的證據證明，這種中年的性騷動會使人做出他們二十年前看了可能皺眉的行為。許多中年父母不斷告誡青少年子女別做那些「不負責任」的活動，但自己卻沉溺其中。在一個英國研究中，四十五到五十四歲的人裡，有五分之一表示曾和長期伴侶之外的人發生沒有防護措施的性行為。一則美國的研究顯示，四十歲以上女性懷孕者，有五一％都是意外懷孕；英國四十到四十四歲懷孕女性最後終止懷孕的比例，和十六歲以下相同。這情況或許有很簡單的理由，研究顯示，中年女性低估了懷孕的風險；媒體不斷過度強調年長女性普遍不孕，而醫療系統很少重視中年避孕的問題。然而，我認為這些「不負責任」行為的主因是深植人腦的驅力，因為中年性行為的「不負責任」在演化上或許有利。例如，中年意外生子的比例，多少可以用女性潛意識的「基因掠奪」或男性的「隱蔽」性交來解釋。

類似的原因使得中年人得性病的情形高得驚人。英國的ＨＩＶ新增病例之中，有八％發生於五十歲以上，這個年齡群組的感染率增加得比其他年齡群組更快，二〇〇〇到二〇〇七年之間成長了超過一倍。有時候人們認為，這些情況可能是因為中年人離婚或喪偶後，重新進入約會的世界，但我們已經知道，中年離婚和喪偶的情況都少於成年初期。相反地，研究顯示，中年人普遍低估他們感染性病的風險，我要再度強調，這反映了中年人根深蒂固的衝動，他們會在重新評估性和愛的選擇時，完全把謹慎拋到九霄雲外。

有種行為可能劇烈影響性病的發生率：交換伴侶，這在某篇期刊文章裡被委婉定義為「雙方同意互相參與一對一之外的性愛」。交換伴侶是不尋常的性行為，因為這種行為似乎在表面上有違我們理解的性關係與感情關係的運作方式。然而，現在認為，交換伴侶並不是完全壓抑夫妻的性嫉妒，而是用那樣的嫉妒刺激性興奮。不論交換伴侶的心理學魅力是什麼，謠傳交換伴侶在中年還算常見，而且使得中年人光顧性病治療所（以及確診）的人數多得不成比例。

所以，中年關係表面上穩定，卻藏著一鍋滾滾沸騰的生物衝動、心理矛盾和演化的驅力。農業出現之後，人類在定居生活密集而高壓的惡臭中打滾時，發展出終生一夫一妻制，幫助我們處理這些力量的有害影響。然而時至今日，男女之間古老基本的生理差異依然繼續在我們之間鑿出裂痕，這在中年比其他人生階段更加明顯。我們來到中年時，隨著發育的「生命時鐘」無情地滴答走進人生的四、五十歲，男性和女性的差異更大了；他們的收入、他們和子女的關係、他們的生育力、他人眼中的吸引力，在在如此。其中最具破壞性的差異，是我們在過去幾百萬年中，得到的那些壓抑而盲目的衝動——那些衝動是想從生命中搾出我們能得到的所有生殖成功，不論誰會受到傷害。

不過證據顯示，雖然有這些矛盾的衝動，中年的關係卻意外地強健，只是恐怕有些低俗的趣味。那些陳腔濫調並不像我們想得那麼正確。男人不會總是想為了年輕的模特兒而拋棄他們的妻子；造成出軌的原因，通常不是想離開長期伴侶的衝動；外遇很少是離婚的唯一原因；而婚外情常常不像婚姻那麼能滿足情緒。中年的性和愛不是因為平靜或無聊所以能延續，而是因為這代表了兩人對彼此最複雜的承諾。畢竟我們在中年的時候，終於真正長大了。

結語　山頂的風景

你得到了比其他動物更優雅的軀體，得到靈敏靈活的行動力，還有最敏銳細膩的感官，你得到了智慧、理性和記憶，彷彿不朽的神。

——里昂．巴提斯塔．亞伯提（Leon Battista Alberti），《論靈魂之寧靜》（*Della tranquillitá dell'animo*），一四四一年

所以，我們在七十年人生旅程中的第四、五十年裡，學到了什麼？

中年常常被視為人生中平靜煩悶的一個階段——是介於年輕的光明和老年的昏暗之間的那道灰色。不過，我們以動物學來探討人類生物學，發現中年遠遠不只這樣。我們看到了數百萬年來，我們基因裡的數位密碼被重新設定、改變我們生命的形態，最後人類生命藍圖演化得異常古怪。而中年一直是這過程的一個關鍵元素，史前人類驚人地長壽，天擇因此有充分的機會塑造人生四、五十歲的時光。人類活在能量密集的高壓資訊經濟之中，

和其他動物截然不同，而我們頭腦極致的能力、運用這樣的頭腦養育子女的漫長歲月，都讓我們發展出其他動物沒有的一個生命階段。其他動物雖然會經歷成人時期的中期時光，但他們從來不曾經歷類似我們「中年」這樣美妙的事。就像亞伯提寫的，我們人類有「智慧、理性和記憶，彷彿不朽的神」，少了中年人，我們絕對無法擁有這些。

在本書裡，我們發現人類的中年不只是過去幾十年的文明新發明，而是明確的生物現象，在我們種下第一批農作物前的幾百萬年就內建在我們身上。我們一次又一次看到，中年根本不是逐漸衰退年老的模糊過程；相反地，中年牽涉到太多明確、突然而獨特的改變。

不過我們並沒有因此而能簡單地定義中年，反而有了一串近似定義的清單。這十八種定義在本書裡各成一章。所以中年有各種風貌，包括：

- 是人生的四十到六十歲間。
- 是「生命時鐘」和「死亡時鐘」的平衡時期。
- 是人類後生殖期的獨特階段，但天擇仍然作用在這時期的人類身上。
- 我們的角色改變，從生育和養育變成提供資源和保存文化。

- 「體細胞」（soma）真正開始顯得可以拋棄。
- 這時人類利用能量的效率驚人。
- 已知的宇宙中最聰明的動物達到認知的巔峰。
- 感知的時間本質、意義、價值和急迫性都改變了。
- 人生的成就從青春的希望，變成實際而無法避免的現實。
- 我們的認知與情感達到完美的平衡。
- 我們精神穩定的美妙時光。
- 我們和彼此差異最大的時候。
- 生育力逐漸衰退，性有了新的意義。
- 這時照顧現有的子女比產生更多子女更重要。
- 這時男性的生育地位和女性差異最大。
- 不論別人怎麼說，這時候我們還能生下健康的寶寶。
- 是自由性交、無避孕的夫妻最後一個孩子長大的時光。
- 雖然受到種種因素阻撓，伴侶關係仍然是最穩定的時期。

你已經看完這麼多頁才出現這份清單，我想這是最理想的定義了。我沒有簡短又巧妙的中年定義，沒有一小段名言，如果有的話，可不是貶低了中年嗎？中年需要用這一系列的特質來定義，單獨的特質無法定義中年，但結合起來就可以。我們在地球上停留的時間短暫而寶貴，沒有那麼多十年讓所有這些事在人生中有各自的階段，所以我們才把這些事都混在一起，塞進二十年左右的時間。時間緊迫，所以我們才有十八種彼此重疊的中年定義，這也是人類之所以為人類的十八個正面要素。

你一定發現了，這本書並不是自我成長的書。我寫這篇結語的時候是四十二歲——剛開始進入我的中年——所以我沒什麼立場告訴你該怎麼度過你的中年。這本書的最後，我並沒有不可思議的洞見要傳授給你。是啊，注意體重、別吸菸、多運動、多動腦，別太擔心未來，這些當然有好處。不過恐怕也就這樣了。中年時期，個人的身體、心智和自我都會經歷全面的再評估，還有你的關係、角色、欲望和方向也是。這種事每個人都得自己思考解決。我只是試著說明，為何這麼多四、五十歲的傢伙做出我們在做的這些怪事。

這本書說的是中年的新故事，希望在這本書的最後，你不會覺得無能為力，不會覺得每個念頭和行為都被演化之手霸道地宰制。我得承認，有時我可能把不少影響歸因於我們的基因、生理特質和演化史，但這情有可原。人類各項運作所需的資訊，有這麼多都藉由基因傳遞，所以每個人的天性必定有一大部分是受基因影響。然而，我們還是必須知道，人類有個地方不一樣——人類有辦法逃避演化。我們所有人顯然都有自由意志。每個人都能輕易選擇要做什麼。

所以，你可以抵抗你的演化遺傳。雖然這麼做不會讓演化遺傳消失，但你也不會有多少損失。努力保持年輕的外表，晚點生孩子，做些年輕時被禁止但你希望當時做了的事。我們很幸運，活在人類歷史上最適合當中年人的時代。這個時代的四十歲男女，有信心可以健健康康地活到六十歲。我們都有自由、時間和智慧在中年做想做的事。只要善加利用你擁有的，然後別忘了，不朽的諸神不會拿祂們的中年時間來煩惱無法控制的衰退。祂們會把那段時間用在美妙而有生產力的變動之中。

作者簡介

大衛・班布里基（David Bainbridge）是劍橋大學的臨床獸醫解剖學家，也是聖凱薩琳學院（St Catharine's College）的藝術與人文領域研究員與入學指導員。他受獸醫師訓練出身，在攝政公園的動物學研究中心（Institute of Zoology）、皇家獸醫學院（Royal Veterinary College）、康乃爾大學、雪梨大學和牛津大學做過人類、動物的懷孕研究。曾出版科普作品，以動物學的方式研究人類生理特性，包括懷孕（《體內小訪客：性、懷孕、分娩的生命奧祕》〔*A Visitor Within*〕，二〇〇〇年），基因和性別（《X染色體：命運的幕後黑手》〔*The X in Sex*〕，二〇〇三年）、頭腦（《睫狀小帶後面的世界》〔*Beyond the Zonules of Zinn*〕，二〇〇八年）和青春期（《青少年的自然史》〔*Teenagers: A Natural History*〕，二〇〇九年）。目前和妻子與三名子女住在美國麻薩諸塞州的薩福克。他四十歲開始寫這本書，有個大肚腩，不肯用老花眼鏡，開一輛跑車，似乎沒聽過中年這種陳腔濫調。

致謝

一如往常，我想謝謝我的經紀人彼得・泰立克（Peter Tallack），還有我在波多貝羅出版社（Portobello）的編輯蘿拉・巴柏（Laura Barber），謝謝他們讓我在出版這個神祕世界裡盲目摸索的路上沒那麼艱辛。另外，許多學者給了我想法，最後開花結果，但我特別想感謝傑・史塔克（Jay Stock），他指點我史前人類史的迷人文獻，還有蓋文・賈維斯（Gavin Jarvis），他說服我膠原蛋白的確迷人。當然我也要感謝我的家人和朋友（這之中似乎有愈來愈多比我年輕的人）。至於我的寫作環境，我要感謝凱斯・傑瑞特（Keith Jarrett）、艾倫・柯普蘭（Aaron Copland）和強烈衝擊樂團（Massive Attack）。

參考文獻

- Abbott, R.A., Croudace, T.J., Ploubidis, G.B., Kuh, D., Richards, M. and Huppert, F.A. (2008). The relationship between early personality and midlife psychological well-being: evidence from a UK birth cohort study. *Social Psychiatry and Psychiatric Epidemiology* 43, 679–87.
- Allen, J.S., Bruss, J. and Damasio, H. (2005). The aging brain: the cognitive reserve hypothesis and hominid evolution. *American Journal of Human Biology* 17, 673–89.
- Allman, J., Hakeem, A. and Watson, K. (2002). Two phylogenetic specializations in the human brain. *Neuroscientist* 8, 335–46.
- Alterovitz, S.S. and Mendelsohn, G.A. (2009). Partner preferences across the life span: online dating by older adults. *Psychology and Aging* 24, 513–17.
- Apperloo, M.J., Van Der Stege, J.G., Hoek, A. and Weijmar Schultz, W.C. (2003). In the mood for sex: the value of androgens. *Journal of Sex and Marital Therapy* 29, 87–102.
- Arck, P.C., Overall, R., Spatz, K., Liezman, C., Handjiski, B., Klapp,B.F. and Birch-Machin, M.A. (2006). Towards a 'free radical theory of graying': melanocyte apoptosis in the aging human hair follicle is an indicator of oxidative stress induced tissue damage. *FASEB Journal* 20, 1567–9.
- Armelagos, G.J. (2000). Emerging disease in the third epidemiological transition. In Mascie-Taylor, N., Peters, J. and McGarvey, S.T., eds. *The Changing Face of Disease*. Boca Raton, Florida: CRC Press.
- Atlantis, E. and Ball, K. (2008). Association between weight perception and psychological distress. *International Journal of Obesity* 32, 715–21.
- Ayoola, A.B., Nettleman, M. and Brewer, J. (2007). Reasons for unprotected

intercourse in adult women. *Journal of Women's Health* 16, 302–10.

- Aytaç, I.A., Araujo, A.B., Johannes, C.B., Kleinman, K.P. and McKinlay, J.B. (2000). Socioeconomic factors and incidence of erectile dysfunction: findings of the longitudinal Massachussetts Male Aging Study. *Social Science & Medicine* 51, 771.
- Bainbridge, D.R.J. (2000). A Visitor Within: *The Science of Pregnancy*. London: Weidenfeld and Nicolson.
- Bainbridge, D.R.J. (2003). *The X in Sex: How the X Chromosome Controls our Lives*. Cambridge, Massachusetts: Harvard University Press.
- Bainbridge, D.R.J. (2008). *Beyond the Zonules of Zinn: A Fantastic Journey Through Your Brain*. Cambridge, Massachusetts: Harvard University Press.
- Bainbridge, D.R.J. (2009). *Teenagers: A Natural History*. London: Portobello. Baltes, P.B. (1997). On the incomplete architecture of human ontogeny. Selection, optimization, and compensation as foundation of developmental theory. *American Psychologist* 52, 366–80.
- Barker, D.J., Winter, P.D., Osmond, C., Margetts, B. and Simmonds, S.J. (1989). Weight in infancy and death from ischaemic heart disease. *Lancet* 2, 577–80.
- Barrickman, N.L., Bastian, M.L., Isler, K. and van Schaik, C.P. (2008). Life history costs and benefits of encephalization: a comparative test using data from long-term studies of primates in the wild. *Journal of Human Evolution* 54, 568–90.
- Bellino, F.L. and Wise, P.M. (2003). Nonhuman primate models of menopause workshop. *Biology of Reproduction* 68, 10–18.
- Bellisari, A. (2008). Evolutionary origins of obesity. *Obesity Reviews* 9, 165–80.
- Berkowitz, G.S., Skovron, M.L., Lapinski, R.H. and Berkowitz, R.L. (1990). Delayed childbearing and the outcome of pregnancy. *New England Journal of Medicine* 322, 659–64.

- Birditt, K.S. and Fingerman, K.L. (2003). Age and gender differences in adults' descriptions of emotional reactions to interpersonal problems. *The Journals of Gerontology*. Series B, Psychological Sciences and Social Sciences 58, 237–45.
- Birley, H. and Renton, A. (1999). The evolution of monogamy in humans. *Sexually Transmitted Infections* 75, 126.
- Blanchard-Fields, F (2009). Flexible and adaptive socio-emotional problem solving in adult development and aging. *Restorative Neurology and Neuroscience* 27, 539–50.
- Blanchflower, D.G. and Oswald, A.J. (2008). Is well-being U-shaped over the life cycle? *Social Science and Medicine* 66, 1733–49.
- Blickstein, I. (2003). Motherhood at or beyond the edge of reproductive age. *International Journal of Fertility and Women's Medicine* 48, 17–24.
- Bluming, A. Z. and Tavris, C. (2009). Hormone replacement therapy: real concerns and false alarms. *Cancer Journal* 15, 93–104.
- Blurton Jones, N.G., Hawkes, K. and O'Connell, J.F. (2002). Antiquity of postreproductive life: are there modern impacts on hunter-gatherer postreproductive life spans? *American Journal of Human Biology* 14, 184–205.
- Bogin, B. (2009). Childhood, adolescence, and longevity: A multilevel model of the evolution of reserve capacity in human life history. *American Journal of Human Biology* 21, 567–77.
- Bonsall, M.B. (2006). Longevity and ageing: appraising the evolutionary consequences of growing old. *Philosophical Transactions of the Royal Society of London B: Biological Sciences* 361, 119–35.
- Booth, A. and Edwards, J.N. (1992). Why remarriages are more unstable. *Journal of Family Issues* 13, 179–94.
- Borg, M.O. (1989). The income–fertility relationship: effect of the net price of a child. *Demography* 26, 301–10.

- Borod, J.C. et al. (2004). Changes in posed facial expression of emotion across the adult life span. *Experimental Aging Research* 30, 305–31.
- Boserup, E. (1965). *The Conditions of Agricultural Growth*. Chicago, Illinois: Aldine.
- Bowles, J.T. (1998). The evolution of aging: a new approach to an old problem of biology. *Medical Hypotheses* 51, 179–221.
- Braver, T.S. and Barch, D.M. (2002). A theory of cognitive control, aging cognition, and neuromodulation. *Neuroscience and Biobehavioral Reviews* 26, 809–17.
- Bremner, J.D., Vythilingam, M., Vermetten, E., Vaccarino, V. and Charney, D.S. (2004). Deficits in hippocampal and anterior cingulate functioning during verbal declarative memory encoding in midlife major depression. *American Journal of Psychiatry* 161,637–45.
- Brewis, A. and Meyer, M. (2005). Marital coitus across the life course. *Journal of Biosocial Science* 37, 499–517.
- Brim, O.G. (1976). Theories of the midlife crisis. *Counseling Psychologist* 6, 2–9.
- Brim, O.G., Ryff, C.D and Kessler, R.C., eds. (2004). *How Healthy are We?* Chicago, Illinois: Chicago University Press.
- Britton, A., Singh-Manoux, A. and Marmot, M. (2004). Alcohol consumption and cognitive function in the Whitehall II Study. *J* 160, 240–7.
- Bromberger, J.T., Kravitz, H.M., Wei, H.L., Brown, C., Youk, A.O., Cordal, A., Powell, L.H. and Matthews, K.A. (2005). History of depression and women's current health and functioning during midlife. *General Hospital Psychiatry* 27, 200–8.
- Brubaker, T. (1983). *Family Relationships in Later Life*. Thousand Oaks, California: Sage.
- Bukovsky, A., Caudle, M.R., Svetlikova, M., Wimalasena, J., Ayala, M.E. and

Dominguez, R. (2005). Oogenesis in adult mammals, including humans: a review. *Endocrine* 26, 301–16.

- Burkart, J.M. and van Schaik, C.P. (2009). Cognitive consequences of cooperative breeding in primates? *Animal Cognition* 13, 1–19.
- Buss, D.M. (2002). Human mate guarding. *Neuro Endo crinology Letters* 23 Supplement 4, 23–9.
- Buss, D.M., Shackelford, T.K. and LeBlanc, G.J. (2000). Number of children desired and preferred spousal age difference: contextspecific mate preference patterns across 37 cultures. *Evolution and Human Behaviour* 21, 323–31.
- Cabeza, R. (2001). Cognitive neuroscience of aging: contributions of functional neuroimaging. *Scandinavian Journal of Psychology*, 42, 277–86.
- Cabeza, R., Anderson, N.D., Locantore, J.K. and McIntosh, A.R. (2002). Aging gracefully: compensatory brain activity in high-performing older adults. *NeuroImage* 17, 1394–1402.
- Callaghan, T.M. and Wilhelm, K.-P. (2008). A review of ageing and an examination of clinical methods in the assessment of ageing skin. Part I: Cellular and molecular perspectives on skin ageing. *International Journal of Cosmetic Science* 30, 313–22.
- Cant, M.A. and Johnstone, R.A. (2008). Reproductive conflict and the separation of reproductive generations in humans. *Proceedings of the National Academy of Sciences USA* 105, 5332–6.
- Carnoy, M. and Carnoy, D. (1995). *Fathers of a Certain Age*. Minneapolis, Minnesota: Fairview Press.
- Carstensen, L.L. (1992). Motivation for social contact across the life span: a theory of socioemotional selectivity. *Nebraska Symposium on Motivation* 40, 209–54.
- Carver, C.S. (2000). On the continuous calibration of happiness. *American Journal of Mental Retardation* 105, 336–41.

- Caspari, R. and Lee, S.H. (2004). Older age becomes common late in human evolution. *Proceedings of the National Academy of SciencesUSA* 101, 10895–900.
- Caspari, R. and Lee, S.H. (2006). Is human longevity a consequence of cultural change or modern biology? *American Journal of Physical Anthropology* 129, 512–17.
- Charles, S.T. and Carstensen, L.L. (2008). Unpleasant situations elicit different emotional responses in younger and older adults. *Psychology and Aging* 23, 495–504.
- Charlesworth, B. (1993). Evolutionary mechanisms of senescence. *Genetica* 91, 11–19.
- Charmantier, A., Perrins, C., McCleery, R.H. and Sheldon, B.C. (2006). Quantitative genetics of age at reproduction in wild swans: support for antagonistic pleiotropy models of senescence. *Proceedings of the National Academy of Sciences USA* 103, 6587–92.
- Childe, V.G. (1951). *Man Makes Himself.* New York: Mentor.
- Clark, A.E. and Oswald, A.J. (2003). How much do external factors affect wellbeing? A way to use 'happiness economics' to decide. *The Psychologist* 16, 140–1.
- Clark, A.E., Oswald, A.J. and Warr, P. (1996). Is job satisfaction Ushaped in age? *Journal of Occupational and Organizational Psychology* 69, 57–81.
- Coelho, M., Ferreira, J.J., Dias, B., Sampaio, C., Pavão Martins, I. and Castro-Caldas, A. (2004). Assessment of time perception: the effect of aging. *Journal of the International Neuropsychological Society* 10, 332–41.
- Cohen, A.A. (2004). Female post-reproductive lifespan: a general mammalian trait. *Biological Reviews of the Cambridge Philosophical Society* 79, 733–50.
- Cohen, M.N. and Armelagos, G.J., eds. (1984). *Paleopathology at the origins of agriculture*. Orlando, Florida: Academic Press.

- Coleman, S.W., Patricelli, G.L. and Borgia, G. (2004). Variable female preferences drive complex male displays. *Nature* 428, 742–5.
- Cornelis, I., Van Hiel, A., Roets, A. and Kossowska, M. (2009). Age differences in conservatism: evidence on the mediating effects of personality and cognitive style. *Journal of Personality* 77, 51–87.
- Costa, R.M. and Brody, S. (2007). Women's relationship quality is associated with specifically penile-vaginal intercourse orgasm and frequency. *Journal of Sex and Marital Therapy* 33, 319–27.
- Cotar, C., McNamara, J.M., Collins, E.J. and Houston, A.I. (2008). Should females prefer to mate with low-quality males? *Journal of Theoretical Biology* 254, 561–7.
- Craik, F.I. and Bialystok, E. (2006). Cognition through the lifespan: mechanisms of change. *Trends in Cognitive Sciences* 10, 131–8.
- Crews, D.E. and Garruto, R.M. (1994). *Biological Anthro pology and Aging*. New York: Oxford University Press.
- Crews, D.E. and Gerber, L.M. (2003). Reconstructing life history of hominids and humans. *Collegium Antropo logicum* 27, 7–22.
- Cutler, R.G. (1975). Evolution of human longevity and the genetic complexity governing aging rate. *Proceedings of the National Academy of Sciences USA* 81, 7627–31.
- Cyrus Chu, C.Y. and Lee, R.D. (2006). The co-evolution of intergenerational transfers and longevity: an optimal life history approach. *Theoretical Population Biology* 69, 193–201.
- Dakouane, M., Bicchieray, L., Bergere, M., Albert, M., Vialard, F. and Selva, J. (2005). A histomorphometric and cytogenetic study of testis from men 29–102 years old. *Fertility and Sterility* 83, 923–8.
- Davidson, R.J. (2004). Well-being and affective style: neural substrates and biobehavioural correlates. *Philosophical Transactions of the Royal Society of London B: Biological Sciences* 359, 1395–441.

- de Rooij, S.R., Schene, A.H., Phillips, D.I. and Roseboom, T.J. (2010). Depression and anxiety: Associations with biological and perceived stress reactivity to a psychological stress protocol in a middle-aged population. *Psychoneuro endocrinology* 35, 866–77.
- Deary, I.J., Allerhand, M. and Der, G. (2009). Smarter in middle age, faster in old age: a cross-lagged panel analysis of reaction time and cognitive ability over 13 years in the West of Scotland Twenty-07 Study. *Psychology and Aging* 24, 40–7.
- Deeley, Q. (2008). Changes in male brain responses to emotional faces from adolescence to middle age. *NeuroImage* 40, 389–97.
- Demerath, E.W., Cameron, N., Gillman, M.W., Towne, B., Siervogel, R.M. (2004). Telomeres and telomerase in the fetal origins of cardiovascular disease: a review. *Human Biology* 76, 127–46.
- Dennerstein, L., Dudley, E. and Guthrie, J. (2002). Empty nest or revolving door? A prospective study of women's quality of life in midlife during the phase of children leaving and re-entering the home. *Psychological Medicine* 32, 545–50.
- Desta, B. (1994). Ethiopian traditional herbal drugs. Part III: Antifertility activity of 70 medicinal plants. *Journal of Ethnopharmacology* 44, 199–209.
- Deykin, E.Y., Jacobson, S., Klerman, G. and Solomon, M. (1966). The empty nest: psychosocial aspects of conflict between depressed women and their grown children. *American Journal of Psychiatry* 122, 1422–6.
- Doshi, J.A., Cen, L. and Polsky, D. (2008). Depression and retirement in late middle-aged U.S. workers. *Health Services Research* 43, 693–713.
- Downs, J.L. and Wise, P.M. (2009). The role of the brain in female reproductive aging. *Molecular and Cellular Endocrinology* 299, 32–8.
- Draaisma, D. (2004). *Why Life Speeds Up As You Get Older.* Cambridge: Cambridge University Press.
- Drefahl, S. (2010). How does the age gap between partners affect their

survival? *Demography* 47, 313–26.

- Duetsch, H. (1945). *The Psychology of Women: A Psychoanalytical Interpretation*. New York, New York: Grune and Stratton.
- Dukers-Muijrers, N.H., Niekamp, A.M., Brouwers, E.E. and Hoebe, C.J. (2010). Older and swinging; need to identify hidden and emerging risk groups at STI clinics. *Sexually Transmitted Infections* 86, 315–17.
- Eagleman, D.M. (2008). Human time perception and its illusions. *Current Opinion in Neurobiology* 18, 131–6.
- Earle, J.R., Smith, M.H., Harris, C.T., Longino, C.F. (1998). Women, marital status, and symptoms of depression in a midlife national sample. *Journal of Women & Aging* 10, 41–57.
- Ecob, R., Sutton, G., Rudnicka, A., Smith, P., Power, C., Strachan, D. and Davis, A. (2008). Is the relation of social class to change in hearing threshold levels from childhood to middle age explained by noise, smoking, and drinking behaviour? *International Journal of Audiology* 47, 100–8.
- Elovainio, M. and others (2009). Physical and cognitive function in midlife: reciprocal effects? A 5-year follow-up of the Whitehall II study. *Journal of Epidemiology and Community Health* 63, 468–73.
- Eskes, T. and Haanen, C. (2007). Why do women live longer than men? *European Journal of Obstetrics, Gynecology and Reproductive Biology* 133, 126–33.
- Fahrenberg, B. (1986). Coping with the empty nest situation as a developmental task for the aging female – an analysis of the literature. *Zeitschrift für Gerontologie* 19, 323–5.
- Farrell, M.P. and Rosenberg, S.D. (1981). *Men at Midlife*. Dover, Massachusetts: Auburn House. Fedigan, L.M. and Pavelka, M.S. (1994). The physical anthropology of menopause. In Hening, A. and Chang, L., eds. *Strength in Diversity: A Reader in Physical Anthropology*. Toronto: Canadian Scholar's Press.

- Fenske, N.A. and Lober, C.W. (1986). Structural and functional changes of normal aging skin. *Journal of the American Academy of Dermatology* 15, 571–85.

- Fernández, L., Miró, E., Cano, M. and Buela-Casal, G. (2003). Agerelated changes and gender differences in time estimation. *Acta Psychologica* 112, 221–32.

- Fieder, M. and Huber, S. (2007). Parental age difference and offspring count in humans. *Biology Letters* 22, 689–91.

- Filene, P.G. (1981). *Men in the Middle*. Englewood Cliffs, New Jersey: Prentice-Hall.

- Finch, C.E. (2009). The neurobiology of middle-age has arrived. *Neurobiology of aging* 30, 515–20.

- Fogarty, M.P. (1975). *Forty to Sixty*. London: Bedford Square Press.

- Foley, R.A. and Lee, P.C. (1991). Ecology and energetics of encephalization in hominid evolution. *Philosophical Transactions of the Royal Society of London B: Biological Sciences* 334, 223–31.

- Fortunato, L. and Archetti, M. (2010). Evolution of monogamous marriage by maximization of inclusive fitness. *Journal of Evolutionary Biology* 23, 149–56.

- Fox, M., Sear, R., Beise, J., Ragsdale, G., Voland, E. and Knapp, L.A. (2010). Grandma plays favourites: X-chromosome relatedness and sex-specific childhood mortality. *Proceedings of the Royal Society B* 277, 567–73.

- Freund, A.M. and Ritter, J.O. (2009). Midlife crisis: a debate. *Gerontology* 55, 582–91.

- Frisch, R.E. (2002). *Female Fertility and the Body Fat Connection*. Chicago, Illinois: Chicago University Press.

- Garcia, J.R., MacKillop, J., Aller, E.L., Merriwether, A.M., Wilson, D.S. and Lum, J.K. (2010). Associations between dopamine D4 receptor gene variation with both infidelity and sexual promiscuity. *PLoS One 5*, e14162.

- Garcia, L.T. and Markey, C. (2007). Matching in sexual experience for married, cohabitating, and dating couples. *Journal of Sex Research* 44, 250–5.
- Gavrilova, N.S., Gavrilov, L.A., Semyonova, V.G. and Evdokushkina, G.N. (2004). Does exceptional human longevity come with a high cost of infertility? Testing the evolutionary theories of aging. *Annals of the New York Academy of Science* 1019, 513–17.
- Genovese, R.G. (1997). *Americans at Midlife*. Westport, Connecticut: Bergin & Garvey.
- Gibson, M.A., Mace, R. (2007). Polygyny, reproductive success and child health in rural Ethiopia: why marry a married man? *Journal of Biosocial Science* 39, 287–300.
- Gilbert, P. and Allan, S. (1998). The role of defeat and entrapment (arrested flight) in depression: an exploration of an evolutionary view. *Psychological Medicine* 28, 585–98.
- Glenn, N. (2009). Is the apparent U-shape of well-being over the life course a result of inappropriate use of control variables? A commentary on Blanchflower and Oswald. *Social Science and Medicine* 69, 481–5.
- Gofrit, O.N. (2006). The evolutionary role of erectile dysfunction. *Medical Hypothese*s 67, 1245–9.
- Goldbacher, E.M., Bromberger, J. and Matthews, K.A. (2009). Lifetime history of major depression predicts the development of the metabolic syndrome in middle-aged women. *Psychosomatic Medicine* 71, 266–72.
- Gould, S.J. (2002). *The Structure of Evolutionary Theory*. Cambridge, Massachusetts: Harvard University Press.
- Guillemard, A.M. (1972) *La Retraite – une Morte Sociale*. Paris: La Haye: Mouton.
- Gunn, D.A. et al. (2009). Why some women look young for their age. *PLoS*

One 4, e8021.

- Gunstad, J., Cohen, R.A., Paul, R.H., Luyster, F.S. and Gordon, E. (2006). Age effects in time estimation: relationship to frontal brain morphometry. *Journal of Integrative Neuroscience* 5, 75–87.
- Gustafson, D.R. and others (2009). Adiposity indicators and dementia over 32 years in Sweden. *Neurology* 73, 1559–66.
- Guyuron, B., Rowe, D.J., Weinfeld, A.B., Eshraghi, Y., Fathi, A. and Iamphongsai, S. (2009). Factors contributing to the facial aging of identical twins. *Plastic and Reconstructive Surgery* 123, 1321–31.
- Hager, L.D. (1997). *Women in Human Evolution*. London: Routledge.
- Hammock, E.A. and Young, L.J. (2006). Oxytocin, vasopressin and pair bonding: implications for autism. *Philosophical Transactions of the Royal Society of London B: Biological Sciences* 361, 2187–98.
- Hampson, S.E., Goldberg, L.R., Vogt, T.M. and Dubanoski, J.P. (2006). Forty years on: teachers' assessments of children's personality traits predict self-reported health behaviors and outcomes at midlife. *Health Psychology* 25, 57–64.
- Hancock, P.A. (2010). The effect of age and sex on the perception of time in life. *American Journal of Psychology* 123, 1–13.
- Hancock, P.A. and Rausch, R. (2010). The effects of sex, age, and interval duration on the perception of time. *Acta Psychologica* 133, 170–9.
- Harlow, B.L. and Signorello, L.B. (2000). Factors associated with early menopause. *Maturitas* 35, 3–9.
- Harris, M.B. (1994). Growing Old Gracefully: Age Conceal ment and Gender. *Journal of Gerontology* 49, 149–58.
- Hartmann, U., Philippsohn, S., Heiser, K. and Rüffer-Hesse, C. (2004). Low sexual desire in midlife and older women: personality factors, psychosocial development, present sexuality. *Menopause* 11, 726–40.

- Haub, C. (1995). How many people have ever lived on earth? *Population Today* 23, 4–5.
- Hawkes, K. (2003). Grandmothers and the evolution of human longevity. *American Journal of Human Biology* 15, 380–400.
- Hayes, A.F. (1995). Age preferences for same- and opposite-sex partners. *Journal of Social Psychology* 135, 125–33.
- Heckhausen, J. and Schulz, R. (1995). A life-span theory of control. *Psychological Review* 102, 284–304.
- Helson, R. and Moane, G. (1987). Personality change in women from college to midlife. *Journal of Personality and Social Psychology* 53, 176–86.
- Herbst, J.H., McCrae, R.R., Costa, P.T. Jr, Feaganes, J.R. and Siegler, I.C. (2000). Self-perceptions of stability and change in personality at midlife: the UNC Alumni Heart Study. *Assessment* 7, 379–88.
- Heys, K.R., Friedrich, M.G. and Truscott, R.J. (2007). Presbyopia and heat: changes associated with aging of the human lens suggest a functional role for the small heat shock protein, alpha-crystallin, in maintaining lens flexibility. *Aging Cell* 6, 807–15.
- Hill, K. and Hurtado, A.M. (1991). The evolution of premature reproductive senescence and menopause in human females: an evaluation of the 'grandmother' hypothesis. *Human Nature* 2, 313–50.
- Hill, K. and Hurtado, A.M. (2009). Cooperative breeding in South American hunter-gatherers. School of Human Evolution and Social Change. Proceedings. *Biological Science*s 276, 3863–70.
- Hill, K., Hurtado, A.M. and Walker, R.S. (2007). High adult mortality among Hiwi hunter-gatherers: implications for human evolution. *Journal of Human Evolution* 52, 443–54.
- Hill, S.E. and Buss, D.M. (2008). The mere presence of opposite-sex others on judgments of sexual and romantic desirability: opposite effects for men and women. *Personality and Social Psychology Bulletin* 34, 635–47.

- Huang, L., Sauve, R., Birkett, N., Fergusson, D. and van Walraven, C. (2008). Maternal age and risk of stillbirth: a systematic review. *Canadian Medical Association Journal* 178, 165–72.
- Hultén, M.A., Patel, S., Jonasson, J. and Iwarsson, E. (2010). On the origin of the maternal age effect in trisomy 21 Down syndrome: the Oocyte Mosaicism Selection model. *Reproduction* 139, 1–9.
- Huppert, F.A. and Baylis, N. (2004). Well-being: towards an integration of psychology, neurobiology and social science. *Philosophical Transactions of the Royal Society of London B: Biological Sciences* 359, 1447–51.
- Huppert, F.A., Abbott, R.A., Ploubidis, G.B., Richards, M. and Kuh, D. (2010). Parental practices predict psychological well-being in midlife: life-course associations among women in the 1946 British birth cohort. *Psychological Medicine* 40, 1507–18.
- Hurwitz, J.M. and Santoro, N. (2004). Inhibins, activins, and follistatin in the aging female and male. *Seminars in Reproductive Medicine* 22, 209–17.
- Imokawa, G. (2009). Mechanism of UVB-induced wrinkling of the skin: paracrine cytokine linkage between keratinocytes and fibroblasts leading to the stimulation of elastase. *Journal of Investigative Dermatology, Symposium Proceedings* 14, 36–43.
- Jaffe, D.H., Eisenbach, Z., Neumark, Y.D. and Manor, O. (2006). Effects of husbands' and wives' education on each other's mortality. *Social Science & Medicine* 62, 2014–23.
- James, W.H (1983). Decline in Coital Rates with Spouses' Ages and Duration of Marriage. *Journal of Biosocial Science* 15, 83–7.
- Jasienska, G., Nenko, I. and Jasienski, M. (2006). Daughters increase longevity of fathers, but daughters and sons equally reduce longevity of mothers. *American Journal of Human Biology* 18, 422–5.
- Jéquier, E. (2002). Leptin signaling, adiposity, and energy balance. *Annals of the New York Academy of Science* 967, 379–88.

- Johnstone, R.A. and Cant, M.A. (2010). The evolution of menopause in cetaceans and humans: the role of demography. Proceedings. *Biological Sciences* 277, 3765–71.
- Jones, T.M., Balmford, A. and Quinnell, R.J. (2000). Adaptive female choice for middle-aged mates in a lekking sandfly. *Proceedings of the Royal Society of London Series B: Biological Sciences* 267, 681–6.
- Joseph, R. (2000). The evolution of sex differences in language, sexuality, and visual-spatial skills. *Archives of Sexual Behavior* 29, 35–66.
- Joubert, C.E. (1983). Subjective acceleration of time: death anxiety and sex differences. *Perceptual and Motor Skills* 57, 49–50.
- Juul, A. and Skakkebaek, N.E. (2002). Androgens and the ageing male. *Human Reproduction Update* 8, 423–33.
- Kalmijn, S., van Boxtel, M.P., Ocké, M., Verschuren, W.M., Kromhout, D. and Launer, L.J. (2004). Dietary intake of fatty acids and fish in relation to cognitive performance at middle age. *Neurology* 62, 275–80.
- Kaplan, H.S. and Robson, A.J. (2002). The emergence of humans: the coevolution of intelligence and longevity with intergenerational transfers. *Proceedings of the National Academy of Sciences USA* 99, 10221–6.
- Kaplan, H.S., Gurven, M., Winking, J., Hooper, P.L. and Stieglitz, J. (2010). Learning, menopause, and the human adaptive complex. *Annals of the New York Academy of Science* 1204, 30–42.
- Kaplan, H.S., Hill, K., Lancaster, J. and Hurtado, A.M. (2000). A theory of human life history evolution. E*volutionary Anthropology* 9, 156–85.
- Kaplan, H.S., Hooper, P.L. and Gurven, M. (2009). The evolutionary and ecological roots of human social organization. *Philosophical Transactions of the Royal Society of London B: Biological Sciences* 364, 3289–99.
- Kaplan, H.S., Lancaster, J.B., Tucker, W.T. and Anderson, K.G. (2002). Evolutionary approach to below replacement fertility. *American Journal of Human Biology* 14, 233–56.

- Kauth, M.R. (2006). *Handbook of the Evolution of Human Sexuality.* Binghamton, New York: Haworth Press.
- Kemkes, A. (2008). Is perceived childlessness a cue for stereotyping? Evolutionary aspects of a social phenomenon. *Biodemography and Social Biology* 54, 33–46.
- Kennedy, K.M. and Raz, N. (2009). Aging white matter and cognition: differential effects of regional variations in diffusion properties on memory, executive functions, and speed. *Neuropsychologia* 47, 916–27.
- Kenrick, R.C. and Keefe, D.T. (1992). Age preferences in mates reflect sex differences in human reproductive strategies. *Behavioral and Brain Sciences* 15, 75–113.
- King, D.E., Cummings, D. and Whetstone, L. (2005). Attendance at religious services and subsequent mental health in midlife women. *International Journal of Psy chiatry in Medicine* 35, 287–97.
- Kirkwood, T.B. (2008). Understanding ageing from an evolutionary perspective. *Journal of Internal Medicine* 263, 117–27.
- Kirkwood, T.B. and Holliday, R. (1979). The evolution of ageing and longevity. *Philosophical Transactions of the Royal Society of London B: Biological Sciences* 205, 531–46.
- Kleiman, D.G. (1977). Monogamy in mammals. *Quarterly Review of Biology* 52, 39–69.
- Kopelman, P.G. (1997). The effects of weight loss treatments on upper and lower body fat. *International Journal of Obesity and Related Metabolic Disorders* 21, 619–25.
- Kruger, A. (1994). The midlife transition: crisis or chimera. *Psychological Reports* 75, 1299–1305.
- Kuhle, B.X. (2007). An evolutionary perspective on the origin and ontogeny of menopause. *Maturitas* 57, 329–37.

- Labuda, D., Lefebvre, J.F., Nadeau, P. and Roy-Gagnon, M.H. (2010). Female-to-male breeding ratio in modern humans – an analysis based on historical recombinations. *American Journal of Human Genetics* 86, 353–63.
- Lahdenperä, M., Lummaa, V., Helle, S., Tremblay, M. and Russell, A.F. (2004). Fitness benefits of prolonged post-reproductive lifespan in women. *Nature* 428, 178–81.
- Larke, A. and Crews, D.E. (2006). Parental investment, late reproduction, and increased reserve capacity are associated with longevity in humans. *Journal of Physiological Anthropology*, 25, 119–31.
- Larsen, C.S. (2000). *Skeletons in Our Closet: Reading Our Past Through Bioarchaeology*. Princeton, New Jersey: Princeton University Press.
- Lassek, W.D. and Gaulin, S.J. (2006). Changes in body fat distribution in relation to parity in American women: a covert form of maternal depletion. *American Journal of Physical Anthropology* 131, 295–302.
- Lee, R.B (1969). !Kung bushman subsistence: an input-output analysis. In Vayda, A., ed. *Ecological Studies in Cultural Anthropology*. Garden City, New York: Natural History Press.
- Lehrer, E. and Nerlove, M. (1981). The labor supply and fertility behavior of married women: a three-period model. *Research in Population Economics* 3, 123–45.
- Lemlich, R. (1975). Subjective acceleration of time with aging. *Perceptual and Motor Skills* 41, 235–8.
- León, M.S. and others (2008). Neanderthal brain size at birth provides insights into the evolution of human life history. *Proceedings of the National Academy of Sciences USA* 105, 13764–5.
- Leonard, W.R. and Robertson, M.L. (1997). Comparative primate energetics and hominid evolution. *American Journal of Physiological Anthropology* 102, 265–81.
- Levine, S.B. (1998). *Sexuality in Midlife*. New York, New York: Plenum

Press.

- Levinson, D.J., Darrow, C.N., Klein, E.B., Levinson, M.H. and McKee, B. (1978). *The Seasons of a Man's Life*. New York, New York: Knopf.
- Lev-Ran, A. (2001). Human obesity: an evolutionary approach to understanding our bulging waistline. *Diabetes/Metabolism Research and Reviews* 17, 347–62.
- Levy, B. (2001) Eradication of ageism requires addressing the enemy within. *The Gerontologist* 41, 5.
- Lewis, K. (1999). Human longevity: an evolutionary approach. *Mechanisms of Ageing and Development*, 109, 43–51.
- Lindau, S.T. and Gavrilova, N. (2010). Sex, health, and years of sexually active life gained due to good health: evidence from two US population based cross sectional surveys of ageing. *British Medical Journal* 340, c810.
- Lindau, S.T., Schumm, L.P., Laumann, E.O., Levinson, W., O'Muircheartaigh, C.A. and Waite, L.J. (2007). A study of sexuality and health among older adults in the United States. *New England Journal of Medicine* 357, 762–74.
- Ljubuncic, P. and Reznick, A.Z. (2009). The evolutionary theories of aging revisited – a mini-review. *Gerontology*, 55, 205–16.
- Longo, V.D., Mitteldorf, J. and Skulachev, V.P. (2005). Programmed and altruistic ageing. *Nature Reviews Genetics* 6, 86672.
- Lookingbill, D.P., Demers, L.M., Wang, C., Leung, A., Rittmaster, R.S. and Santen, R.J. (1991). Clinical and biochemical parameters of androgen action in normal healthy Caucasian versus Chinese subjects. *Journal of Clinical Endocrinology and Metabolism* 72, 1242–8.
- Lyons, M.J. et al. (2009). Genes determine stability and the environment determines change in cognitive ability during 35 years of adulthood. *Psychological Science*, 20, 1146–52.
- Malaspina, D. and others. (2005). Paternal age and intelligence: implications

for age-related genomic changes in male germ cells. *Psychiatric Genetics* 15, 117–25.

- Malaspina, D., Perrin, M., Kleinhaus, K.R., Opler, M., Harlap, S. (2008). Growth and schizophrenia: aetiology, epidemiology and epigenetics. *Novartis Foundation Symposia* 289, 196–203.
- Martin, R.D. (2007). The evolution of human reproduction: a primatological perspective. *American Journal of Physical Anthropology supplement* 45, 59-84.
- Mattila, V. (1987). Onset of functional psychoses in later middle age. Social-psychiatric considerations. *Acta Psychiatrica Scandinavica* 76, 293–302.
- McAdams, D.P. and Olson B.D. (2010). Personality development: continuity and change over the life course. *Annual Review of Psychology* 61, 517–42.
- Megarry, T. (2005). *Society in Prehistory*. Basingstoke: Macmillan Press.
- Miller, G.F. (2000). *The Mating Mind*. New York, New York: Anchor Books.
- Mojtabai, R. and Olfson, M. (2004). Major depression in community-dwelling middle-aged and older adults: prevalence and 2-and 4-year follow-up symptoms. *Psychological Medicine* 34, 623–34.
- Muller, M.N., Thompson, M.E. and Wrangham, R.W. (2006). Male chimpanzees prefer mating with old females. *Current Biology* 16, 2234–8.
- Murphy, C., Wetter, S., Morgan, C.D., Ellison, D.W. and Geisler, M.W. (1998). Age effects on central nervous system activity reflected in the olfactory event-related potential. Evidence for decline in middle age. *Annals of the New York Academy of Science* 855, 598–607.
- Murstein, B.I. and Christy, P. (1976). Physical attractiveness and marriage adjustment in middle-aged couples. *Journal of Personality and Social Psychology*, 34, 537–42.
- Neu, P., Bajbouj, M., Schilling, A., Godemann, F., Berman, R.M. and Schlattmann, P. (2005). Cognitive function over the treatment course of

depression in middle-aged patients: correlation with brain MRI signal hyperintensities. *Journal of Psychiatric Research* 39, 129–35.

- Nitardy, F.W. (1943). Apparent time acceleration with age of the individual. *Science* 98, 110.
- North, R.J., Holahan, C.J., Moos, R.H. and Cronkite, R.C. (2008). Family support, family income, and happiness: a 10-year perspective. *Journal of Family Psychology* 22, 47583.
- Nyklícek, I., Louwman, W.J., Van Nierop, P.W., Wijnands, C.J., Coebergh, J.W. and Pop, V.J. (2003). Depression and the lower risk for breast cancer development in middle-aged women: a prospective study. *Psychological Medicine* 33, 111117.
- O'Connor, D.B. and others (2009). Cortisol awakening rise in middle-aged women in relation to psychological stress. *Psychoneuroendocrinology* 34, 1486–94.
- Ostovich, J.M. and Rozin, P. (2004). Body image across three generations of Americans: inter-family correlations, gender differences, and generation differences. *Eating and Weight Disorders* 9, 186–93.
- Oswald, A.J (1997). Happiness and economic performance. *Economic Journal* 107, 1815–31.
- Partridge, L. (2001). Evolutionary theories of ageing applied to longlived organisms. *Experimental Gerontology* 36, 641–50.
- Pavard, S.E., Metcalf, C.J. and Heyer, E. (2008). Senescence of reproduction may explain adaptive menopause in humans: a test of the 'mother' hypothesis. *American Journal of Physical Anthropology* 136, 194–203.
- Penn, D.J. and Smith, K.R. (2007). Differential fitness costs of reproduction between the sexes. *Proceedings of the National Academy of Sciences USA* 104, 553–8.
- Peters, J. and Daum, I (2008). Differential effects of normal aging on recollection of concrete and abstract words. *Neuropsychology* 22, 255–61.

- Phillips, L.H. and Allen, R. (2004). Adult aging and the perceived intensity of emotions in faces and stories. *Aging Clinical and Experimental Research* 16, 190–1.
- Power, M.L. and Schulkin, J. (2008). Sex differences in fat storage, fat metabolism, and the health risks from obesity: possible evolutionary origins. *British Journal of Nutrition* 99, 931–40.
- Power, M.L. and Schulkin, J. (2009). *The Evolution of Obesity*. Baltimore: Johns Hopkins University Press.
- Prapas, N., Kalogiannidis, I., Prapas, I., Xiromeritis, P., Karagiannidis, A. and Makedos, G. (2006). Twin gestation in older women: antepartum, intrapartum complications, and perinatal outcomes. *Archives of Gynecology and Obstetrics* 273, 293–7.
- Ramsawh, H.J., Raffa, S.D., Edelen, M.O., Rende, R. and Keller, M.B. (2009). Anxiety in middle adulthood: effects of age and time on the 14-year course of panic disorder, social phobia and generalized anxiety disorder. *Psychological Medicine* 39, 615–24.
- Ransohoff, R.M. (1990). *Venus After Forty*. Far Hills, New Jersey: New Horizon Press.
- Rao, K.V. and Demaris, A. (1995). Coital frequency among married and cohabiting couples in the United States. *Journal of Biosocial Science* 27, 135–50.
- Rashidi, A. and Shanley, D. (2009). Evolution of the menopause: life histories and mechanisms. *Menopause International* 15, 26–30.
- Reichman, N.E. and Pagnini, D.L. (1997). Maternal age and birth outcomes: data from New Jersey. *Family Planning Perspectives* 29, 268–72.
- Reid, J. and Hardy, M. (1999). Multiple roles and well-being among midlife women: testing role strain and role enhancement theories. The Journals of Gerontology. *Series B, Psychological Sciences and Social Sciences* 54, S329–38.

- Resnick, S.M., Lamar, M. and Driscoll, I. (2007). Vulnerability of the orbitofrontal cortex to age-associated structural and functional brain changes. *Annals of the New York Academy of Science* 1121, 562–75.
- Riddle, J. (1992). *Contraception and Abortion from the Ancient World to the Renaissance*. Cambridge, Massachusetts: Harvard University Press.
- Riis, J.L., Chong, H., Ryan, K.K., Wolk, D.A., Rentz, D.M., Holcomb, P.J. and Daffner, K.R. (2008). Compensatory neural activity distinguishes different patterns of normal cognitive aging. *NeuroImage* 39, 441–54.
- Ritz-Timme, S. and others (2000). Age estimation: the state of the art in relation to the specific demands of forensic practise. *International Journal of Legal Medicine* 113, 129–36.
- Robson, S.L. and Wood, B. (2008). Hominin life history: reconstruction and evolution. *Journal of Anatomy*, 212, 394–425.
- Rose, M.R. (1991). *Evolutionary Biology of Aging*. New York, New York: Oxford University Press.
- Rossi, A.S. (1994). *Sexuality across the Life Course*. Chicago, Illinois: Chicago University Press.
- Ryff, C.D. (1989). In the eye of the beholder: views of psychological well-being among middle-aged and older adults. *Psychology and Aging* 4, 195–201.
- Sauvain-Dugerdil, C., Leridon, H., Mascie-Taylor, N., eds. (2006). *Human Clocks: The Bio-cultural Meanings of Age*. Bern: Peter Lang.
- Schmidt, P.J., Murphy, J.H., Haq, N., Rubinow, D.R. and Danaceau, M.A. (2004). Stressful life events, personal losses, and perimenopause-related depression. *Archives of Women's Mental Health* 7, 19–26.
- Schmitt, D.P. (2005). Fundamentals of human mating strategies. In Buss, D.M., ed. *Handbook of Evolutionary Psychology*. Hoboken, New Jersey: John Wiley and Sons.
- Schmitt, D.P. (2005). Is short-term mating the maladaptive result of insecure

attachment? A test of competing evolutionary perspectives. *Personality and Social Psychology Bulletin*, 31, 747–68.

- Schnarch, D. (1997). *Passionate Marriage*. New York, New York: Henry Holt.
- Segal, S.J. and Mastroianni, L. (2003). *Hormone Use in Menopause and Male Andropause*. New York, New York: Oxford University Press.
- Sherman, C.A., Harvey, S.M. and Noell, J. (2005). 'Are they still having sex?' STIs and unintended pregnancy among mid-life women. *Journal of Women & Aging* 17, 41–55.
- Singh-Manoux, A., Richards, M. and Marmot, M. (2003). Leisure activities and cognitive function in middle age: evidence from the Whitehall II study. *Journal of Epidemiology and Community Health* 57, 907–13.
- Skultety, K.M. and Krauss Whitbourne, S. (2004). Gender differences in identity processes and self-esteem in middle and later adulthood. *Journal of Women and Aging* 16, 175–88.
- Stanford, J.L., Hartge, P., Brinton, L.A., Hoover, R.N. and Brookmeyer, R. (1987). Factors influencing the age at natural menopause. *Journal of Chronic Diseases* 40, 995–1002.
- Sternberg, R.J. and Grigorenko, E.L. (2004). Intelligence and culture: how culture shapes what intelligence means, and the implications for a science of well-being. *Philosophical Transactions of the Royal Society of London B: Biological Sciences* 359, 1427–34.
- Stevens, J., Katz, E.G. and Huxley, R.R. (2010). Associations between gender, age and waist circumference. *European Journal of Clinical Nutrition* 64, 6–15.
- Stevens, J.C. (1992). Aging and spatial acuity of touch. *Journal of Gerontology* 47, 35–40.
- Stewart, A.J. and Vandewater, E.A. (1999). 'If I had it to do over again . . .': midlife review, midcourse corrections, and women's well-being in midlife. *Journal of Personality and Social Psychology* 76, 270–83.

- Strassmann, B.I. (1999). Menstrual cycling and breast cancer: an evolutionary perspective. *Journal of Women's Health* 8, 193–202.
- Strehler, B.L. (1979). Polygamy and the evolution of human longevity. *Mechanisms of Ageing and Development* 9, 369–79.
- Taylor, T. (1996). *The Prehistory of Sex*. London: Fourth Estate.
- Thompson, E.H. (1994). *Older Men's Lives*. Thousand Oaks, California: Sage.
- Tishkoff, S.A. et al. (2001). Haplotype diversity and linkage disequilibrium at human G6PD: recent origin of alleles that confer malarial resistance. *Science* 293, 455–62.
- Tobin, D.J. and Paus, R. (2001). Graying: gerontobiology of the hair follicle pigmentary unit. *Experimental Gerontology* 36, 29–54.
- Tobin, D.J., Hordinsky, M. and Bernard, B.A. (2005). Hair pigmentation: a research update. *Journal of Investigative Dermatology, Symposium Proceedings* 10, 275–9.
- Tse, P.U., Intriligator, J., Rivest, J. and Cavanagh, P. (2004). Attention and the subjective expansion of time. *Perception and Psychophysics* 66, 1171–89.
- Tuljapurkar, S.D., Puleston, C.O. and Gurven, M.D. (2007). Why men matter: mating patterns drive evolution of human lifespan. *PLoS One* 2, e785.
- Uitto, J. (2008). The role of elastin and collagen in cutaneous aging: intrinsic aging versus photoexposure. *Journal of Drugs in Dermatology* 7, supplement 2, s12–16.
- Vaillant, G.E, Bond, M. and Vaillant, C.O. (1986). An empirically validated hierarchy of defense mechansims. *Archives of General Psychiatry* 43, 786–94.
- Walker, J.L. (1977). Time estimation and total subjective time. *Perceptual and Motor Skills* 44, 527–32.
- Walker, R. et al. (2006). Growth rates and life histories in twenty-two small-scale societies. *American Journal of Human Biology* 18, 295–311.
- Wang, M. H. and vom Saal, F.S. (2000). Maternal age and traits in offspring.

Nature 407, 469–70.

- Ward, E.J., Parsons, K., Holmes, E.E., Balcomb, K.C. and Ford, J.K. (2009). The role of menopause and reproductive senescence in a long-lived social mammal. *Frontiers in Zoology* 6, 4.
- Waters, D.J., Shen, S. and Glickman, L.T. (2000). Life expectancy, antagonistic pleiotropy, and the testis of dogs and men. *Prostate* 43, 272–7.
- Weisfeld, G.E. and Weisfeld, C.C. (2002). Marriage: an evolutionary perspective. *Neuroendocrinology Letters*, 23 supplement 4, 47–54.
- Wells, J.C. and Stock, J.T. (2007). The biology of the colonizing ape. *American Journal of Physical Anthropology* 134 supplement 45, 191–222.
- Wells, J.C. (2006). The evolution of human fatness and susceptibility to obesity: an ethological approach. *Biological Reviews of the Cambridge Philosophical Society* 81, 183–205.
- Wespes, E. (2002). The ageing penis. *World Journal of Urology* 30, 36–9.
- Whelan, E.A., Sandler, D.P., McConnaughey, D.R. and Weinberg, C.R. (1990). Menstrual and reproductive characteristics and age at natural menopause. *Americal Journal of Epidemiology*, 131, 625–32.
- Williams, G.C. (1957). Pleiotropy, natural selection and the evolution of senescence. *Evolution* 11, 398–411.
- Willis, S.L. and Reid, J.D., eds. (1999). *Life in the Middle*. San Diego, California: Academic Press.
- Wilson, E.O. (1975). *Sociobiology: The New Synthesis*. Cambridge, Massachusetts: Harvard University Press.
- Winking, J., Kaplan, H., Gurven, M. and Rucas, S. (2007). Why do men marry and why do they stray? *Proceedings. Biological Sciences* 274, 1643–9.
- Wittmann, M. and Lehnhoff, S. (2005). Age effects in perception of time. *Psychological Reports* 97, 921–35.
- Wodinsky, J. (1977). Hormonal Inhibition of Feeding and Death in Octopus:

Control by Optic Gland Secretion. *Science* 148, 948–51.

- Wood, B.J. (2000). Investigating human evolutionary history. *Journal of Anatomy* 197, 3–17.
- Wood, J.M. and others (2009). Senile hair graying: H2O2-mediated oxidative stress affects human hair color by blunting methionine sulfoxide repair. *FASEB Journal* 23, 2065–75.
- Yarrow, A.L. (1991). *Latecomers: Children of Parents over 35*. Old Tappan, New Jersey: Free Press.
- Yassin, A.A. and Saad, F. (2008). Testosterone and erectile dysfunction. *Journal of Andrology* 29, 593–604.
- Zafon, C. (2007). Oscillations in total body fat content through life: an evolutionary perspective. *Obesity Reviews* 8, 525–30.
- Zamboni, G., Gozzi, M., Krueger, F., Duhamel, J.R., Sirigu, A. and Grafman, J. (2009). Individualism, conservatism, and radicalism as criteria for processing political beliefs: a parametric fMRI study. *Social Neuroscience* 4, 367–83.
- Zerjal, T. et al. (2003). The genetic legacy of the Mongols. *American Journal of Human Genetics* 72, 717–21.
- Zhu, J.L., Vestergaard, M., Madsen, K.M. and Olsen, J. (2008). Paternal age and mortality in children. *European Journal of Epidemiology* 23, 443–7.

國家圖書館出版品預行編目（CIP）資料

中年的意義：一個生物學家的觀點 / 大衛.班布里基(David Bainbridge)著 ; 周沛郁譯. -- 再版. -- 臺北市: 如果出版 : 大雁出版基地發行, 2023.10

面；　公分

譯自 : Middle age : a natural history

ISBN 978-626-7334-40-9(平裝)

1.中年危機 2.人類演化

544　　112014079

中年的意義：一個生物學家的觀點

Middle Age: A Natural History

作　　者——大衛．班布里基（David Bainbridge）
譯　　者——周沛郁
封面設計——陳文德
責任編輯——鄭襄憶、洪禎璐
業務發行——王綬晨、邱紹溢、劉文雅
行銷企劃——黃羿潔
副總編輯——張海靜
總 編 輯——王思迅
發 行 人——蘇拾平
出　　版——如果出版
發　　行——大雁出版基地
地　　址——231030 新北市新店區北新路三段207-3號5樓
電　　話——02-8913-1005
傳　　真——02-8913-1056
讀者傳真服務——02-8913-1056
讀者服務信箱——andbooks@andbooks.com.tw
劃撥帳號——19983379
戶　　名——大雁文化事業股份有限公司
出版日期——2023年10月再版
定　　價——420元
I S B N——978-626-7334-40-9

歡迎光臨大雁出版基地官網
www.andbooks.com.tw
訂閱電子報並填寫回函卡

如果